cosmic sex

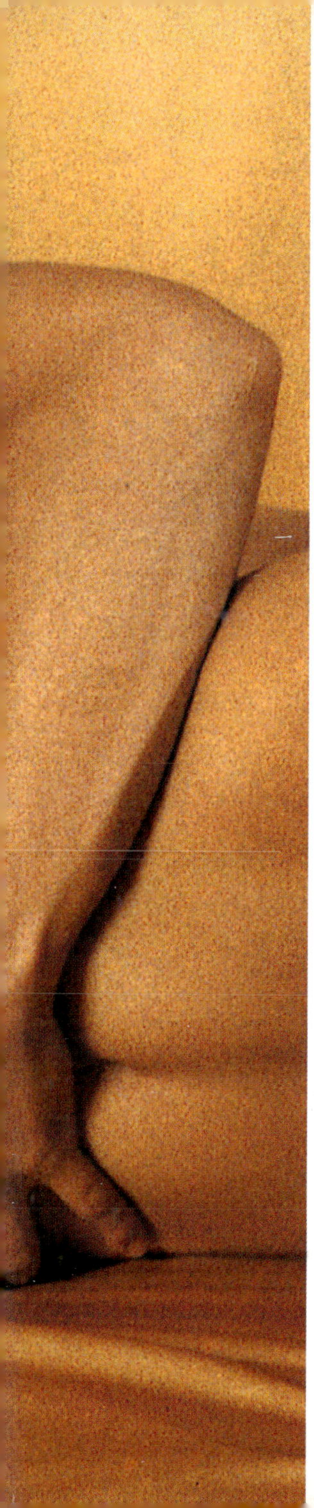

cosmic sex

WEGE ZUR EKSTASE DURCH TANTRA UND TAO

C A R O L I N E   A L D R E D

evergreen

EVERGREEN is an imprint of Benedikt Taschen Verlag GmbH

Hohenzollernring 53, D-50672 Köln

First published in 1996 by Carroll & Brown Limited
20 Lonsdale Road
London NW6 6RD

Originaltitel:
Divine Sex: the Tantric and Taoist Arts of Conscious Loving

Übersetzung aus dem Englischen:
Irene Spreitzer für Print Company, Wien
Redaktion und Produktion der deutschen Ausgabe:
Print Company Verlagsgesellschaft mbH, Wien
Koordination: Katrin Becker, Köln
Umschlaggestaltung: Catinka Keul, Köln

Printed in Singapore
ISBN 3-8228-6387-4

Inhalt

Einleitung

Sex ist ein Thema, das bewegt, das mich fasziniert und begeistert – und mir scheint, ich bin nicht die einzige, die so denkt! Sex ist das stärkste Potential an kreativer Energie, das wir besitzen, Sex erfaßt alle Poren unseres Körpers. Er durchdringt alle Aspekte des Lebens, er regt uns an und berührt uns auf seelischer, körperlicher und geistiger Ebene.

Kronenchakra
Das Symbol des Kronenchakra ist die Lotosblume mit tausend Blütenblättern. Das Kronenchakra ist eines der sieben Energiezentren des Astralleibs.

Sex ist auch ein Quell der Freude, die von einem rein körperlichen Empfinden bis hin zu einer Erfahrung reichen kann, bei der wir uns frei von Körper und Zeit, doch eins mit dem Universum fühlen. Guter Sex erfüllt uns mit Gesundheit, Glück und der Herrlichkeit des Lebens in all seinen Aspekten. Zudem stehen uns die sexuellen Geheimnisse der alten östlichen Philosophien des Tantrismus und Taoismus zur Verfügung. Sie bieten uns neue Einsichten in die Kunst der Liebe und das heilende Potential der Sexualität und lehren uns, die sexuelle Energie in ein erweitertes Bewußtsein zu verwandeln, das uns länger, glücklicher, weiser und spiritueller leben läßt.

Ich selbst entdeckte die Spiritualität des Sex Mitte der 80er Jahre in London, als ich mich auf Anregung eines Liebhabers und zwischen verschiedenen Schauspieljobs mit Tai Chi, der traditionellen chinesischen Kunst der Meditation, zu beschäftigen begann. Dadurch lernte ich, meinen Körper und mein »Ich« auf mir völlig neue Art zu fühlen. Emotionen wurden freigesetzt, mein Körper veränderte sich, und ich fühlte mich »verbunden«. Es war der Beginn einer Reise in einen Teil meines Inneren, den ich bisher nicht kannte. Die Reise ging weiter, als ich bald darauf einen tantrischen Yogi traf, der aus Bali nach London gekommen war.

Damals wußte ich über Tantra nur, daß es aus Indien stammte und etwas mit Sex zu tun hatte. Mein Interesse wurde jedoch sehr rasch geweckt, als ich erfuhr, wie weit und wie tief diese Lehre reicht. In den folgenden fünf Jahren studierte ich die unterschiedlichen Richtungen des Tantrismus und erkannte bald, daß Sex nur ein relativ kleiner Aspekt der Lehre ist.

Die Ursprünge des Tantrismus werden uns wohl immer verborgen bleiben. Man weiß aber, daß diese weit vor den ersten tantrischen Texten liegen, die erst aus der Zeit um 400–600 n. Chr. stammen. Der Tantrismus wurzelt in der Lehre des Hinduismus und ist eine Verbindung aus Kunst, Wissenschaft und Religion. Die Anhänger müssen verschiedenste Techniken wie Yoga, Atemtechnik, Meditation, Mantra, Yantra und Rituale beherrschen.

Die Erlangung dieses Wissens dient als Vorbereitung auf die Einführung in die Geheimnisse der sexuellen Verbindung, die, wie ich bereits wußte, zu den wesentlichen Aspekten des Tantra zählt. Ajit Mookerjee und Madhu Khanna beschreiben Tantra in The Tantric Way *aus der Sicht der »Ausdehnung«: »Tantra ist das Wissen um eine systematische und wissenschaftliche Experimentiermethode, die uns die Möglichkeit bietet, unser Bewußtsein und unsere Fähigkeiten durch einen Prozeß zu erweitern, bei dem wir unsere spirituellen Kräfte erfahren.« Tantra lehrt uns, uns so zu akzeptieren, wie wir sind und nicht gegen unsere Instinkte anzukämpfen. So erfahren wir, daß Sex ein natürlicher und wichtiger Teil unseres Lebens ist und daß er uns ebensoviel Energie gibt wie die Atmung und andere Körperfunktionen.*

YANTRA
Ein Yantra ist ein mystisches Diagramm, das als Meditationshilfe verwendet werden kann. Dieses symbolisiert die Göttin Kali.

Die Praktiken des Tantrismus und des alten chinesischen Taoismus stellen die Mittel bereit, die wir benötigen, um ein tieferes Verständnis der sexuellen Liebe zu erhalten, das uns befähigt, das Erlebnis zu steigern, die Bande der Liebe und des Vertrauens zwischen den Partnern zu stärken sowie die männliche und weibliche Energie auszugleichen und zu harmonisieren. Bei der sexuellen Vereinigung verbindet sich der Geist mit dem Fleisch, und wir können das unendliche Potential unserer spirituellen Kräfte sowie die Herrlichkeit erfahren, die in uns allen steckt.

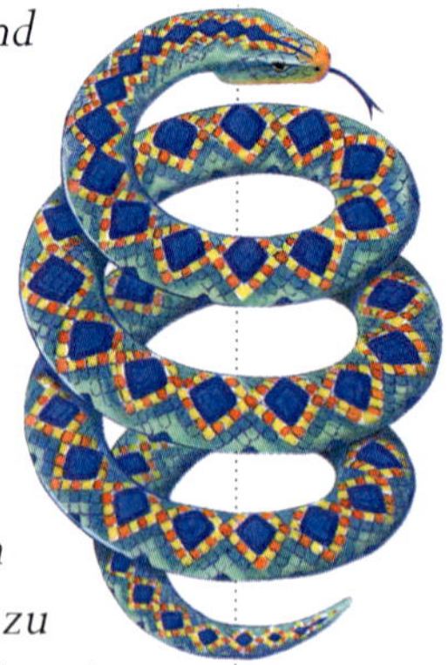

Kundalini
Eines der Ziele des tantrischen Sex ist es, die mächtige schlafende Energie zu wecken, die als Kundalini bezeichnet wird. Diese Energie wird meist als zusammengerollte Schlange dargestellt.

Für diejenigen von uns, die bewußt nach Wissen streben und den Wunsch verspüren, Sexualität und Spiritualität zu vereinen, stellen die tantrischen und taoistischen Praktiken der sexuellen Liebe die Methoden und Techniken bereit, die für ein tieferes Verständnis nötig sind. Sie bringen uns dazu, uns wieder mit unserer ursprünglichen Identität und dem Ursprung des Universums zu verbinden, indem wir unsere Wünsche und Gefühle akzeptieren und ihnen nachgeben. Zugleich erweitern wir unser Bewußtsein und unser Potential zur Selbsterkenntnis und können so in nur einem Leben persönliche Befreiung und die Ausformung unserer spirituellen Kräfte erlangen.

Fünf Lebensziele
Dieses Diagramm zeigt die Göttin Schakti und den Ritus der Fünf Lebensziele.

Der Taoismus ist eine uralte Lehre mit Regeln für alle Lebenslagen. Dr. Stephen Chang schrieb in seinem Buch Das Tao der Sexualität, *daß das Tao aus acht Disziplinen der persönlichen Ausbildung, den acht Säulen des Taoismus, besteht. Nämlich: dem Tao der Philosophie, der Revitalisierung, der ausgewogenen Ernährung, der vergessenen Heilpflanzen, der Heilkunst, der sexuellen Weisheit, der Selbstdisziplin und des gestalteten Schicksals.*

Das Tao der sexuellen Weisheit oder der Liebe besagt, daß Sex in Übereinstimmung mit den anderen sieben Disziplinen des Taoismus gelehrt und ausgeübt wird. Männer und Frauen müssen grundsätzlich die Harmonie von Yin und Yang, den beiden entgegengesetzten, einander ergänzenden Energien des Universums, erreichen, indem sie die sexuelle Energie stärken und durch Sex ihre Gesundheit verbessern und bewahren sowie die Spiritualität steigern. Das Zusammenspiel von Yin und Yang, der Quelle des Lebens, ist die Grundlage des Taoismus. Die Erde ist Yin, der weibliche Aspekt, der Himmel Yang, der männliche Aspekt. Indem wir in uns die Energie von Himmel und Erde ausgleichen, werden wir auch in anderen Lebensbereichen Harmonie finden. Yin und Yang bilden zusammen ein Ganzes, wie auch die Vereinigung von Mann und Frau eine Einheit schafft, bei der die Partner voneinander profitieren und einander harmonisch ergänzen.

Frühe taoistische Ärzte erkannten die Liebe als Teil der natürlichen Ordnung an und meinten, daß sie für das körperliche und geistige Wohlbefinden von Mann und Frau unerläßlich wäre. Liebe und Sex waren ein wichtiger Teil der chinesischen Medizin, da man annahm, daß Sex zur Verbesserung der Gesundheit, der Harmonie in einer Beziehung und der Erhöhung der spirituellen Erkenntnis diente. Der Taoismus lehrt uns, die Lebensenergie, das Qi, zu steigern. Dies ist möglich, indem wir durch die Harmonisierung des Energieflusses im Körper Yin und Yang ausgleichen, die einander anziehen und so eine Steigerung der sexuellen Energie erfahren.

YOGA
Meditation und Yoga helfen, Geist und Körper auf die tantrische Liebe vorzubereiten.

Die Grundlagen des Tao der Liebe sind die Kontrolle und Beeinflussung der Ejakulation beim Mann und die Befriedigung der Frau. Die Taoisten meinen, daß Sex großen Nutzen für beide

Partner bringt, wenn er völlig befriedigt. Bei der taoistischen Sexualpraxis lernt der Mann, Orgasmen ohne Ejakulation zu erleben. Indem er seinen Samen zurückhält, stärkt er seinen Körper und bewahrt seine Lebensenergie oder Lebenskraft. So kann er lieben, so oft und so lange beide Partner dies wünschen und bis seine Partnerin völlige Befriedigung erlangt hat.

Ich hoffe, daß dieses Buch Menschen anspricht, die wissen, daß Sex heilig ist und die mit Sex experimentieren möchten, um das kreative und heilende Potential der Liebe zu erfahren. Tantrismus und Taoismus bieten auch praktische Methoden der Liebe, die über das rein körperliche Erlebnis hinausgehen. Allerdings werden diese alten und sehr wirksamen Praktiken nur durch Übung Nutzen zeitigen. Sie werden in diesem Buch sehr geradlinig beschrieben, um Ihr Interesse zu wecken und Sie dazu zu verleiten, sie zu versuchen und in Ihr Leben aufzunehmen. Ich hoffe, daß Sie damit auch sich selbst besser verstehen lernen und so die körperliche Vereinigung mit Ihrem Partner zu einem ekstatischen Erlebnis werden kann, bei dem sich Ihre sexuelle Energie in spirituelle Energie verwandelt.

LIEBE
Mit Hilfe der tantrischen und taoistischen Praktiken werden beide Partner Ekstase und wahre Befriedigung erfahren.

I

Tantra und Tao

Tantrismus und Taoismus

Die beiden alten östlichen Philosophien des Tantrismus und Taoismus erfreuen sich im Westen vor allem bei denjenigen Menschen immer größerer Beliebtheit, die Sexualität mit spirituellen Wachstum verbinden möchten. Beide Lehren besagen, daß die sexuelle Energie des Menschen seine stärkste kreative Kraft ist und jeder Mensch Erleuchtung finden kann, wenn er diese Energie pflegt und nutzt.

Der Tantrismus entstand in Indien, von wo er auf Tibet, China, Nepal, Japan und Südostasien ausstrahlte. Es ist unklar, wann er genau aufkam, doch gehen tantrische Texte auf die Zeit um 400–600 n. Chr. zurück. Tantra lehrt uns, unser körperliches Potential zu erkennen und alle Emotionen, Gefühle und Wünsche zu akzeptieren, damit wir die Gegensätze Schmerz und Freude, Zerstörung und Kreativität, Dunkelheit und Licht erfahren können.

»Die Frau ist der lebende Körper, der Mann der lebende Geist, und beiden ist die lebende Seele gemein.« OSHO

Der Taoismus ist eine chinesische Lehre, die als eine der ältesten Wissenschaften des Lebens gilt. Er ist eine Wissens- und Verhaltenslehre, die viele Aspekte wie körperliche Ertüchtigung, Nahrung und Ernährung, Heilung und Sexualität umfaßt. Der Taoismus lehrt uns, möglichst viel innere Energie zu erlangen und zu bewahren.

Zwar überschneiden sich Taoismus und Tantrismus in vielen sexuellen Belangen, doch besteht ein großer Unterschied: Der taoistische Ansatz ist medizinischer, der tantristische Ansatz religiöser Natur. Beide Lehren verfolgen jedoch das Ziel, die Seele zu befreien.

Tantra

Das Wort »Tantra« stammt aus dem Sanskrit und bedeutet »Gewebe« oder «Ausdehnung». Der Tantrismus ist eine Philosophie und Lebensart, die die sexuelle Energie bewußt und kreativ nutzt, um den Menschen aus den Zwängen des Ichs zu befreien. Diese Befreiung erhöht das Vergnügen und die Lebensfreude, nicht nur am Sex. Der Yogalehrer und Autor James Hewitt beschreibt dies als »überschwengliche Lebensbejahung«. Der Tantrismus hat viele Ausformungen, die von der Wiederholung von *Mantras* (geheimnisvollen Klängen und Wörtern) und dem

Studium von *Yantras* (geometrischen Symbolen, die die unterschiedlichen Energien darstellen) reicht.

Dazu zählen auch die Verehrung und Anrufung von Göttern, Rituale, Yoga und verschiedene Visualisierungs- und Meditationstechniken. Sie sollen die Sinne wecken und Körper, Geist und Seele stimulieren, um so Erleuchtung und das Verständnis der unsichtbaren Einheit aller Dinge zu erlangen.

Für die Tantristen ist die sexuelle Vereinigung, *maithuna*, ein Ritual, um *Kundalini* (die Energie, die am Ansatz der Wirbelsäule schlummert) zu wecken und durch die *Chakren* (Energiezentren) im Körper bis zum Scheitel zu lenken, um so spirituelle Ekstase zu erfahren.

Tao

Das Wort »Tao« bedeutet Weg und bezieht sich auf den Weg des Universums und das Bewußtsein der körperlichen und körperlosen Existenz. Seit Tausenden von Jahren versuchen die Taoisten, einen Zustand der »Einheit« mit dem Tao zu erlangen. Diese Einheit ist überall und nirgends, man kann sie nicht sehen oder fühlen, doch durchdringt sie alles. Die Taoisten beobachteten die Natur genau und meinten, daß Natürlichkeit (die Harmonie mit den Naturkräften) unerläßlich wäre, um die innere Energie zu stärken und zu lenken und so Gesundheit, langes Leben und spirituelle Erfüllung zu finden.

Die Lehren des Taoismus wurden vor den Massen verborgen und waren ursprünglich nur den taoistischen Gelehrten und den Herrschern bekannt. Die Geheimnisse wurden Tausende von Jahren mündlich überliefert. Die erste Niederschrift der taoistischen Grundlagen ist wohl das *Tao Te Jing*. Dieser Text umfaßt ungefähr 5 000 Wörter und ist in zwei Büchern festgehalten. Er wird dem Weisen Laotse zugeschrieben und stammt vom Ende des 4. Jahrhunderts v. Chr. oder vielleicht sogar aus dem 6. Jahrhundert.

Bereits seit den Anfängen des Taoismus lautet einer der Grundsätze, daß ein ausgefülltes und glückliches Sexualleben anzustreben wäre. So werden schon seit mehr als 2 000 Jahren sehr ausführliche und klare Texte über Sexualität verfaßt. Sie enthalten reichlich Informationen über Sexualtechniken, deren Ziel es ist, Gelassenheit und Gesundheit durch die Harmonie von *Yin* (Frau) und *Yang* (Mann) zu erlangen. Harmonie ist nur möglich, wenn die Frau durch die Selbstbeherrschung des Mannes Befriedigung findet.

Eines der ersten und bis heute besten taoistischen Bücher über Sex war *Su Nü Ching (Das Buch vom einfachen Mädchen)* aus dem 2. oder 3. Jahrhundert v. Chr. Es erzählt, welchen Rat der Gelbe Herrscher (Huang Ti) von seinen drei Sexualberaterinnen Su Nü (einfaches Mädchen), Hsüan Nü (mysteriöses Mädchen) und Tsai Nü (Regenbogenmädchen) erhielt.

Die Harmonie der Gegensätze

Im Tantrismus stehen die beiden Gottheiten Schiwa und Schakti für die gegensätzlichen Kräfte Mann und Frau, positiv und negativ. Schiwa ist das männliche Prinzip, seine Begleiterin Schakti das weibliche. Die sexuelle Vereinigung steht für die Vereinigung von Schiwa und Schakti. Im Taoismus heißen die gegensätzlichen Kräfte Yin und Yang.

Schiwa

Im Hinduismus, aus dem das Tantra entstand, gilt Schiwa als einer der drei Aspekte des Höchsten Seins: Brahma, der Schöpfer, Wischnu, der Erhalter, und Schiwa, der Zerstörer. Das bedeutet, daß auf Zerstörung sofort Erneuerung folgt: Schiwa ist also auch die regenerierende Kraft, die wiederherstellt und erneuert. Deshalb wird er häufig als *Lingam* oder Phallus dargestellt. Im Tantrismus drückt Schiwa vom Himmel herab, während Schakti von der Erde nach oben drängt. Sie ziehen einander an, und aus dem ewigen Spiel zwischen ihnen, ihrem Tanz, entspringt das Universum.

Schakti

Schakti wird häufig als *Yoni* oder Vulva dargestellt und in vielen Formen, darunter als Dewi, Muttergöttin, verehrt. Dewi selbst kann ebenfalls verschiedene Formen annehmen. Sie kann sanft (wie Uma und Gauri) oder wild (wie Kali und Durga) sein. Schiwa und Schakti verweilen im Körper in zwei Energiezentren oder *Chakren* (siehe Seite 18). Schakti verweilt im Wurzelchakra im Perineum, Schiwa dagegen im Kronenchakra am Scheitel des Kopfes. Wenn sie in Harmonie vereint werden, hebt sich der Schleier der Illusion (*Maya*, das greifbare Universum mit dem verdeckten Bewußtsein), und Befreiung ist möglich.

Yin und Yang

Wie die Tantristen glauben die Taoisten, daß alles Leben aus dem Wechselspiel der beiden gegensätzlichen, einander ergänzenden Kräfte oder Energien entsteht, die sie als Yin und Yang bezeichnen. Auf diesem ständigen Wechselspiel beruht das gesamte Universum. Wenn man einen Ausgleich zwischen den beiden ewigen Gegensätzen erlangt, so werden sie voneinander abhängig, durchdringen einander und schaffen Harmonie.

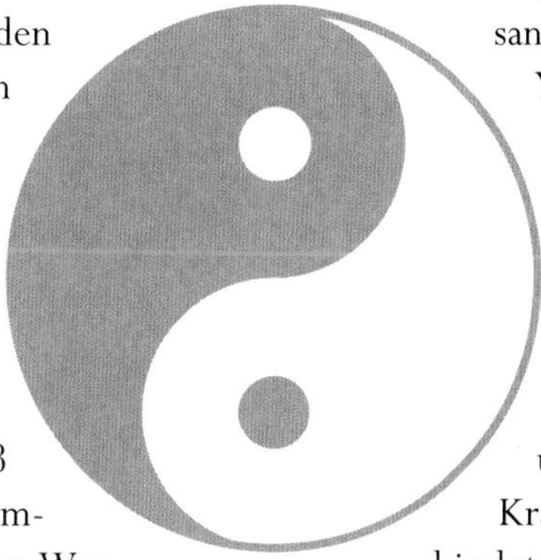

Die Taoisten meinen, daß sich das Universum ständig verändert und daß ein Mensch in einer bestimmten Situation am besten dem Weg folgt, der am ehesten der kosmischen Harmonie oder dem universellen Lauf der Dinge entspricht.

Die Prinzipien Yin und Yang sind bereits seit Jahrtausenden in vielen Bereichen der chinesischen Kultur integriert. So verfolgt die chinesische Medizin das Ziel, Harmonie zwischen Yin und Yang zu schaffen.

Sex und Symbole

Im Taoismus symbolisiert die sexuelle Vereinigung von Mann und Frau die Vereinigung von Yin und Yang, von Himmel und Erde. Laut dem *I Jing* (dem *Buch der Veränderungen*), das wahrscheinlich aus dem 13. Jahrhundert v. Chr. stammt, »verleiht die ständige Verflechtung von Himmel und Erde allen Dingen die Form, die sexuelle Vereinigung von Mann und Frau schenkt alles Leben.«

Yin ist die kosmische weibliche Kraft, die von Frau, Wasser und Erde symbolisiert wird. Sie empfängt, ist nach innen gekehrt, dunkel, nachgiebig, schwach, sanft, passiv und veränderlich. Yang, die kosmische männliche Kraft, wird von Mann, Feuer und Himmel symbolisiert. Im Gegensatz zu Yin ist Yang beständig, nach außen gekehrt, hell, hart und aktiv. Yang ist die Kraft, die das Universum verbindet. Mann und Frau enthalten Charakteristiken von Yin und Yang, doch ist es die Dominanz einer Kraft, die das Geschlecht bestimmt.

Das Yin-Yang-Symbol

Das traditionelle Kreissymbol, das für die Vereinigung von Yin und Yang steht, ist den meisten Menschen ein Begriff, doch wissen nur wenige um seine Bedeutung Bescheid. Es steht für den göttlichen Ursprung und besteht aus einem Kreis, der von einer Wellenlinie durchzogen wird. Diese Linie trennt Yin (schwarz) von Yang (weiß) und bedeutet, daß die Harmonie zwischen Yin und Yang nicht starr ist. Zudem verfügt jede Hälfte über einen Punkt mit dem entgegengesetzten Prinzip.

Yin-Yang-Symbol
Das Symbol steht für die Gegensätze Yin und Yang, die gemeinsam ein Ganzes bilden. Jedes Prinzip benötigt das andere als Ausgleich und ist in dem anderen enthalten. Die gegenseitige Anziehung und das Wechselspiel zwischen ihnen schafft Bewegung und Veränderung und die Lebensenergie oder Lebenskraft, das Qi, kann fließen.

Aura und Energie

Die Hindus und Tantristen sind der Auffassung, daß jedes Lebewesen aus drei wesentlichen Elementen besteht: dem physischen Körper, der Seele und dem Astralleib. Der Astralleib ist nicht physisch und soll diese Welt mit der nächsten verbinden. Er kann durch Yoga (siehe Seite 48) und Pranayama-Yoga (siehe Seite 54) gestärkt und aktiviert werden.

Der Astralleib

Der Astralleib umgibt und durchdringt den physischen Körper und manifestiert sich als Energiefeld oder Aura. Einige Menschen mit übersinnlichen Fähigkeiten können diese Aura, die eine Person umgibt, sehen oder fühlen. Man nimmt an, daß sie mit Hilfe der Kirlian-Photographie sogar dargestellt werden kann.

Der Astralleib besteht aus Energiezentren oder Chakren (siehe Seite 18) und Kanälen oder *Nadis*, durch die die Energie fließt. An den Chakren verbindet sich der Astralleib mit dem physischen Körper. Die Nadis durchziehen den Körper vom Wurzelchakra (*Muladhara*) ausgehend mit einem komplexen Netz an Linien.

Prana, Qi und Jing

Eine der Grundlagen von Tantrismus und Taoismus ist die Vorstellung, daß eine Lebensenergie in der Atmosphäre schwebt, die jegliche Materie und so auch die Menschen beseelt. Bei den Tantristen ist diese Energie als *Prana* bekannt. Sie fließt durch die Nadis im Astralleib. Pranayama-Yoga lehrt, wie man das Prana mit Hilfe einer Atemtechnik lenken und im Körper speichern kann. So ist es möglich, verschiedene Körperteile mit Stärke, Lebenskraft und Energie zu versorgen.

»Wenn Kundalini schläft, wird sie durch die Gnade des Gurus geweckt.«

SWAMI SVATMARAMA

Die Taoisten bezeichnen diese Lebenskraft als *Qi*. Das ist die unsichtbare Energie, die wir in unserem Körper »fühlen« und die den physischen mit dem metaphysichen Körper verbindet. Dieses Zusammenspiel von positiver und negativer Energie hält das Herz gesund, läßt den Geist träumen und steuert unsere Gefühle.

Alte taoistische Meister, die in und mit der Natur lebten, bemerkten, daß das Qi alles durchfließt und das gesamte Universum durchdringt. Sie entwickelten Methoden, um den Fluß des Qi im Körper zu stärken und zu nutzen und so den Ausgleich und die Harmonie zu finden, die ihnen Gesundheit, langes Leben und Spiritualität bescherten. Diese Harmonie sollte möglichst von innen kommen, doch kann man sie auch durch sexuelle Vereinigung erlangen, durch die Energie ausgetauscht und übertragen wird.

Die Grundenergie im Körper und die Quelle all unserer Energie ist rohes Qi, das der Körper in eine wirksamere Energie umgewandelt hat – in sexuelle Energie oder *Jing*. Wir bleiben so lange am Leben, wie das Jing im Körper fließt. Es bestimmt über die Fortpflanzung und kann in spirituelle Energie umgewandelt werden.

Das Jing ist in den Eierstöcken und Spermien enthalten. Bei sexueller Erregung dehnt sich das Jing aus und Körper, Geist und Seele werden mit neuer Energie versorgt.

Nadis

Man nimmt an, daß der Astralleib mehr als 70 000 Nadis enthält. Der Hauptkanal oder Sushumna ist eine vertikale Säule, die dem Rückenmark entspricht und die sieben Chakren beherbergt. Um den Sushumna winden sich zwei weitere wichtige Nadis, Ida und Pingala. Sie lenken die weibliche und männliche Energie: Ida steht für den Mond, der weiblich ist, Pingala für die Sonne, die männlich ist.

Ida liegt links vom Wurzelchakra und windet sich nach oben um den Sushumna bis zum rechten Nasenloch. Pingala liegt dagegen rechts vom Wurzelchakra und verläuft um den Sushumna bis zum linken Nasenloch nach oben.

Lebensenergien

Prana ist nur eine der zehn Lebensenergien, die durch die Nadis strömen. Eine weitere ist *Apana*. Während Prana nach oben fließt, strömt Apana nach unten, und wenn sich beide im Wurzelchakra vereinen, wird Kundalini, die schlafende Energie, geweckt (siehe Seite 20).

Bei der Yoga-Technik *Anuloma viloma*, der alternierenden Atmung (siehe Seite 56), werden Ida und Pingala stimuliert. Das linke Nasenloch gilt als Pfad von Ida, das rechte Nasenloch als Pfad von Pingala. Mit dieser Atemübung kann man sicherstellen, daß das Prana gleichmäßig durch und um jede Körperhälfte fließt. So werden die linke (»verbale«) und die rechte (»visuelle«) Gehirnhälfte harmonisiert.

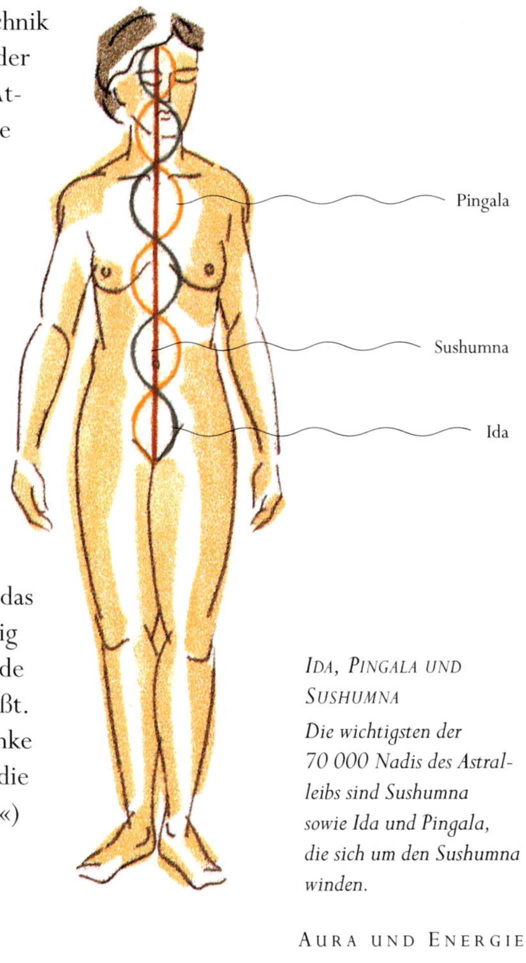

Ida, Pingala und Sushumna
Die wichtigsten der 70 000 Nadis des Astralleibs sind Sushumna sowie Ida und Pingala, die sich um den Sushumna winden.

Chakren

Die Chakren (Sanskrit für »Räder«) sind Energiezentren, die den Astralleib mit dem physischen Körper verbinden. Die sieben Hauptchakren befinden sich am Ansatz der Wirbelsäule, im Unterbauch, im Solarplexus, im Herz, im Kehlkopf, an der Stirn und am Scheitel.

Die Chakren werden als Lotosblüten dargestellt, wobei jedes Blütenblatt dem Gedeihen einer Qualität oder einer geistigen Eigenschaft zugeschrieben wird. Jedes Chakra wird mit einer psychologischen oder spirituellen Funktion wie Kreativität oder Sexualität assoziiert. Die meisten werden mit einem Element wie Luft oder Feuer verbunden. Alle außer dem Kronenchakra haben ihr eigenes Mantra. Dieser Meditationston folgt den natürlichen Schwingungen jedes Chakras.

Die Chakren können geschlossen oder offen sein und etwa durch Yoga, Meditation oder Sex aktiviert werden. Wird die Kundalini-Energie (siehe Seite 20) geweckt, fließt sie durch den Astralleib nach oben, öffnet alle Chakren und saugt ihnen die Energie aus, bis sie sich schließen. Erreicht sie das Kronenchakra, vereint sie sich mit dem kosmischen Bewußtsein.

Entdecke deine Chakren

Man muß die Lage der Chakren kennen und sich vorstellen, daß jedes Chakra auf dem physischen Körper liegt. Man beginnt beim Wurzelchakra und geht dann langsam nach oben. Dabei visualisiert man die passende Farbe für jeden Körperbereich. Wenn man die Chakren visualisiert, sollte man das betreffende Mantra wiederholen (siehe Seite 19). Dabei atmet man nach jeder Wiederholung ein und stellt sich vor, wie der Atem das Chakra füllt. Die Farbe wird stärker, wenn sich die Lotosblätter öffnen.

DIE LAGE DER CHAKREN

Die sieben Chakren liegen am Sushumna-Nadi

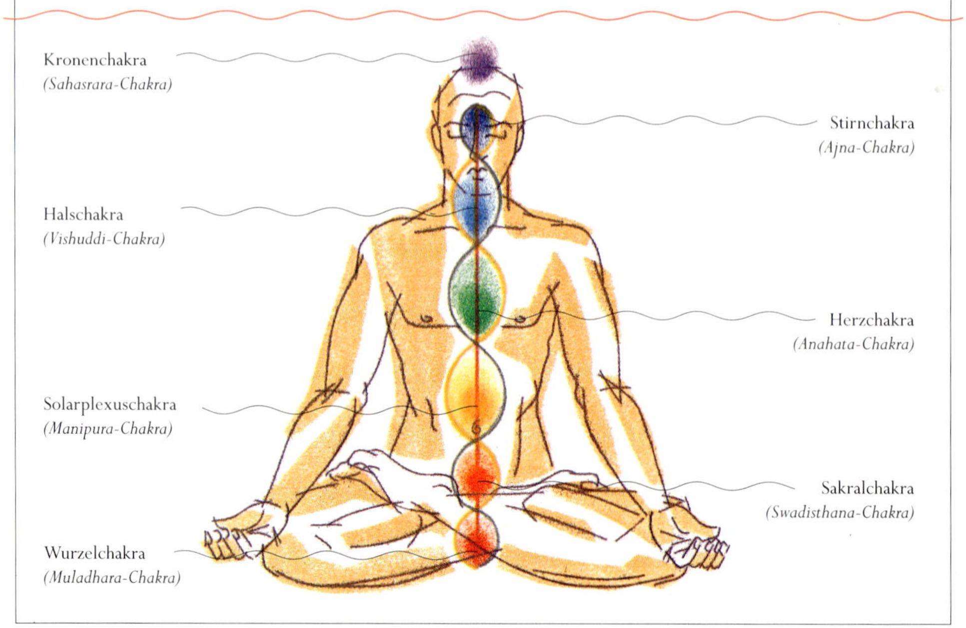

Kronenchakra

Farbe: **violett**
Mantra: **keines**
Lotosblätter: **1 000**
Element: **keines**
Lage: **Scheitel**
Funktion: **Verbindung, Weisheit**

Stirnchakra

Farbe: **indigo**
Mantra: **OM**
Lotosblätter: **2**
Element: **keines**
Lage: **Stirn**
Funktion: **Wahrnehmung**

Halschakra

Farbe: **leuchtend blau**
Mantra: **HAM**
Lotosblätter: **16**
Element: **Akasa (Äther/Raum)**
Lage: **Hals**
Funktion: **Kreativität**

Herzchakra

Farbe: **grün**
Mantra: **YAM**
Lotosblätter: **12**
Element: **Luft**
Lage: **Herz**
Funktion: **Liebe**

Solarplexuschakra

Farbe: **gelb**
Mantra: **RAM**
Lotosblätter: **10**
Element: **Feuer**
Lage: **Solarplexus**
Funktion: **Kraft, Wille**

Sakralchakra

Farbe: **orange**
Mantra: **VAM**
Lotosblätter: **6**
Element: **Wasser**
Lage: **Sakrum**
Funktion: **Sexualität, Freude**

Wurzelchakra

Farbe: **rot**
Mantra: **LAM**
Lotosblätter: **4**
Element: **Erde**
Lage: **Perineum**
Funktion: **Überleben, Vertiefung**

Kundalini

Wecken der Zusammengeringelten Schlange
Die Kundalini-Energie wird meist als schlafende Schlange dargestellt, die zusammengerollt am Ansatz des Sushumna-Nadi liegt. Beim Sex können die Bewegungen in Verbindung mit der Tiefatmung, der positiven Visualisierung und den Tönen der Liebe Kundalini wecken und die körperliche Liebe in eine mystische Dimension erheben, bei der Zeitlosigkeit und Einheit mit dem Universum erreicht werden.

Kundalini ist die allmächtige, doch meist schlafende weibliche Energie, die ihren Sitz im Wurzelchakra (Muladhara) am unteren Ende des Sushumna-Nadi hat. In Sanskrit bedeutet das Wort »zusammengeringelt«. Kundalini wird meist auch als schlafende Schlange dargestellt, die dreieinhalbmal eingeringelt ist. Manchmal hat sie ihren Schwanz im Maul.

Kundalini oder Kundalini Schakti, die »innere Frau«, schlummert in jedem Menschen. Sie kann das ganze Leben lang verborgen bleiben. Wird sie aber geweckt, ist dies ein dramatisches Erlebnis, bei dem ein Schwall großer Hitze durch den Körper strömt und ein Schwindelgefühl verursacht wird. Manche Menschen beginnen zu zittern, der Atem wird flach, sie hören innere Stimmen oder meinen, daß sich Farben, Formen und Muster in strahlend hellem Licht auflösen. Diese Energie ist so stark, daß sie das Leben des Betroffenen für immer verändert.

Die tantrische Übung des Kundalini-Yoga soll diese schlafende Energie wecken und vom Wurzelchakra, dem Sitz von Schakti, nach oben zum Kronenchakra (Sahasrara) lenken, wo Schiwa residiert. Diese mystische Verbindung von Schakti (dem Universum) und Schiwa (dem reinen Bewußtsein) führt zu Erlösung oder Erleuchtung.

Wenn die Kundalini-Energie geweckt und nach oben gelenkt wird, fließt sie durch alle Chakren und aktiviert deren Energie. Dadurch kann der Mensch eine höhere Bewußtseinsebene erlangen und schließlich in reine Verzückung verfallen.

Da die Kundalini-Energie so stark ist, kann sie nicht nur helfen, sondern auch schaden. Um dies zu verhindern, bereiten sich die Yogis viele Jahre lang darauf vor, diese Energie freizusetzen. In dieser Zeit machen sie Körper- und Atemübungen, meditieren und halten Diät. Sie bereiten den physischen Körper und den Astralleib auf Kundalini vor, indem sie Blockaden lösen, damit die geweckte Energie ungehindert durch die Chakren zum Scheitel fließen kann. Allerdings kann man die Kundalini-Energie auch mit anderen Methoden wie Musik, Tanz und Sex wecken. Wenn Paare die tantristischen Liebestechniken anwenden, können sie lernen, diese Energie zu kanalisieren. Und indem sie die Macht der Schlange zu ihrer kreativen Verbündeten nehmen, können sie in ekstatische Verzückung verfallen, die über das normale Bewußtsein hinausgeht.

Mantras

Das Universum besteht aus Klängen, und jeder Ton ist eine Form von Energie, die auf einzigartige Weise schwingt. Mantras sind Silben oder Sätze, die aus Konsonanten und Vokalen aufgebaut sind, denen man besonders starke Schwingungen zuschreibt. Ihre meditativen Qualitäten sind sehr stark (siehe Seite 84), und meist erhält man sie von einem Guru oder Lehrer.

Es gibt viele verschiedene Arten von Mantras, doch alle können laut gesprochen, geflüstert, in Gedanken oder sogar unbewußt wiederholt werden. So wiederholen wir etwa bei jedem Atemzug unbewußt ein Mantra: »So« beim Einatmen und «Ham« beim Ausatmen. Dieses Mantra bedeutet »Ich bin, wer ich bin.«

Wenn wir ein Mantra laut wiederholen, helfen uns der Rhythmus und die Schwingung, störende negative Gedanken abzuhalten. Durch die Energie des Klangs entsteht ein spezielles positives Gedankenbild. Deshalb sind Mantras eine Chance, positive Schwingungen auszusenden und so den negativen entgegenzuwirken. Sie geben uns die Möglichkeit, Geist und Körper zu kontrollieren.

Man kann die Kraft eines Mantras nur erleben, wenn man es auch einsetzt. Da diese Kraft sehr subtil ist, muß man sich Zeit nehmen, um ihre Wirkung zu erfahren. Das bekannteste Mantra ist wohl »Om«. Dieser Urklang, aus dem das Universum entstand, ist der Ursprung aller Töne. Er besteht aus den drei Teilen: »AH ... OO ... MM.« Es ist sehr wichtig, daß das Mantra sorgfältig ausgesprochen wird. Gleichgültig, ob es gesprochen oder still wiederholt wird, muß das »AH« tief aus dem Körper kommen, das »OO« kurz sein und das »MM«, der längste Ton, durch den Kopf schwingen.

Mantras können bei der Meditation eine große Hilfe sein. Doch sollte man das Mantra mit Bedacht wählen. Es eignen sich verschiedene bekannte oder erfundene Töne und Sätze sowie positive Affirmationen über die eigene Person. Diese Mantras wiederholt man 10 bis 20 Minuten als Konzentrationshilfe.

Man kann die Mantras auch beim Sex einsetzen, wenn man die Konzentration steigern, die sexuelle Energie lenken und die Aufmerksamkeit erhöhen will.

Om
Im Sanskrit die Schriftzeichen für das Mantra »Om«

Mantras und Meditation
Seit Tausenden von Jahren verwenden Yoga-Schüler Mantras, um besser meditieren zu können.

Yantras

Bei den Lehren des Ostens sind Klang und Form miteinander verbunden: Jeder Ton kann durch ein Muster ausgedrückt werden, dessen Form dem Klang entspricht. Die Mantras (siehe Seite 21) werden als geometrische Muster dargestellt, die als Yantras bekannt sind. Diese sorgfältig ausgeformten mystischen Diagramme dienen als Hilfsmittel bei der Meditation.

Der Aufbau eines Yantra

Die geometrische Form der Yantras soll dem Meditierenden helfen, den Geist zu beruhigen und die Aufmerksamkeit nach innen zu lenken. Viele klassische Yantras können auch die starke Energie aufnehmen, die von Gottheiten wie Kali oder Tara repräsentiert wird.

Tara Yantra
Dieses Yantra symbolisiert die Göttin Tara, eine der Ausformungen der göttlichen Mutter. Das Yantra hat acht Lotosblätter, die für die physische Welt stehen. Der zentrale Punkt oder Bindu liegt in einem Dreieck, das nach oben weist.

Da Yantras Bilder sind, wird bei ihrer Betrachtung die »visuelle« rechte Gehirnhälfte aktiviert, in der wir Formen speichern und wiedererkennen. Hier liegt das Zentrum des Denkens und der Gefühle. Ein Mantra aktiviert als Klang die linke, »verbale« Gehirnhälfte, in der Sprache und abstraktes Denken gesteuert werden.

Wenn man beim Meditieren ein Yantra betrachtet und ein passendes Mantra spricht, werden beide Gehirnhälften aktiv in die Meditation einbezogen. Und wenn beide Gehirnhälften in Harmonie stehen, kann der Meditierende einen höheren Bewußtseinsstatus erlangen und mit dem Universum eins werden.

Ursprünglich wurden die Yantras nach strikten Regeln gezeichnet und ausgemalt. In diesen Regeln war festgehalten, welche Pinsel und Farben verwendet wurden. So war diese Aufgabe ebenfalls eine Art der Meditation, bei der beide Gehirnhälften aktiviert wurden. Das Zeichnen der geometrischen Umrisse lenkt die rechte Gehirnhälfte, das Ausmalen die linke. Im Sanskrit bedeutet das Wort »Yantra« »Werkzeug«, aber auch »etwas Befreiendes«. Die wichtigsten Yantras sind die *Schakti Yantras*, da sie Ausdruck der himmlischen Mutter sind.

Grundsätzlich bestehen diese Yantras aus einem quadratischen Rahmen mit T-förmigen Ausbuchtungen auf jeder Seite. In dem Quadrat liegen zwei oder mehr konzentrische Kreise mit einem Ring Lotosblüten. Im innersten Kreis umschließt ein Muster aus einem oder mehr Dreiecken den *Bindu*, das Zentrum des Yantra. Die verschiedenen geometrischen Elemente wie Quadrat, Kreis und Dreieck haben ebenso ihren Symbolwert wie viele andere Formen, die bei Yantras eingesetzt werden.

Quadrate, Kreise und Punkte

Das Quadrat ist ein Fundament oder Rahmen für die anderen Elemente des Yantra, das sie stützt und umfaßt, ohne in sie einzudringen. Die T-förmigen Ausbuchtungen stellen die Tore des Yantra dar.

Der Bindu oder Punkt in der Mitte eines Yantra ist das Zentrum des Diagramms. Es steht für den männlichen Samen, die Quelle allen Seins, das höchste Bewußtsein und die dichteste Energie. Zwar hat der Bindu eine bestimmte Lage, doch keine Größe.

Der Kreis, der in der Geometrie als symmetrische Ausdehnung des Punkts gilt, steht für die zyklischen Kräfte des Universums und ihre ständige Erneuerung, für Raum und Unendlichkeit. Drei konzentrische Kreise können die drei verschiedenen Qualitäten der Energie, die *Gunas* (siehe Seite 51) repräsentieren. Drei Kreise können auch für Vergangenheit, Gegenwart und Zukunft stehen, die drei untrennbaren Aspekte der Zeit.

Kali Yantra

Das Yantra der Göttin Kali enthält drei konzentrische Kreise und drei Dreiecke. In diesem Yantra stehen die konzentrischen Kreise für die drei Aspekte der Zeit, die Dreiecke symbolisieren die drei Gunas.

Dreiecke, Sterne, Blütenblätter

Das Dreieck zählt zu den wichtigsten geometrischen Grundformen, die in Yantras eingesetzt werden. Zeigt es nach oben, symbolisiert es Aufwärtsbewegung und männliche Energie, weist es nach unten, steht es für Abwärtsbewegung, weibliche Energie und die Yoni (Vulva).

Wenn diese beiden Dreiecke verbunden werden, entsteht ein sechsstrahliger Stern, der den harmonischen Ausgleich zwischen männlicher und weiblicher Energie symbolisiert. Dieses Konzept des Ausgleichs kann auch mit einem achtstrahligen Stern ausgedrückt werden, der entsteht, wenn man zwei Quadrate übereinanderlegt.

Eines der stärksten Symbole ist der zentrale Punkt als männlicher Samen, umgeben von einem Dreieck, das nach unten weist, als Symbol für die Yoni. Gemeinsam stehen sie für das Fortbestehen der Welt durch ständige Fortpflanzung.

Auch Lotosblätter sind häufig auf Yantras zu finden. Meist sind sie in einem Ring angeordnet. Die Bedeutung eines Rings von Lotosblüten hängt von der Zahl der Blätter ab: Acht Blütenblätter bezeichnen die Wirklichkeit, zwölf die Sonne und sechzehn den Mond.

Mandalas

Ein *Mandala* ist ein mystisches Diagramm, ein rundes Bild, das die Gesamtheit und Vollständigkeit symbolisiert. Es ist Ausdruck des psychologischen Prozesses der Öffnung und Integration. Bekannte Mandalas sind das Yin-Yang-Symbol (siehe Seite 15) und die runden Fenster, die man häufig in Kirchen und Tempeln findet. Mandalas, Yantras und Gottheiten sind die wichtigsten Elemente der tantrischen Kunst und kommen in Ritualen häufig zum Einsatz.

Tibetisches Mandala
Ein Mandala ist ein mystisches Diagramm oder ein Energiemuster, das zur Meditation verwendet wird.

Der Aufbau eines Mandala

Das Wort »Mandala« ist Sanskrit für »Kreis«. Diese Bedeutung ist in der runden Form dieser komplexen und hintergründigen Bilder enthalten. Heita Copony schrieb in *Die Mysterien des Mandalas* von den drei Ordnungsprinzipien im Aufbau eines Mandalas: die Mitte, Symbole, die von der Mitte ausstrahlen, und der Rand des Kreises. So konzentriert sich ein Mandala auf sein Zentrum, den Ursprung allen Lebens in Raum und Zeit, aus dem jede Bewegung hervorgeht und in das alles strömt.

Der tantrische Autor Ajit Mookerjee meint, daß ein Mandala den Kosmos symbolisiert, dessen Anfang zugleich sein Ende und dessen Ende sein Anfang ist. Schüler des Tantrismus sind »geschult, das Wesen eines Mandala in seiner äußeren Form zu erkennen und es dann durch Betrachtung in eine psychische Kraft zu übertragen.«

Vor allem die traditionellen tibetischen Mandalas bestehen aus sehr komplexen, detaillierten Mustern und Symbolen. Sie beschränken sich formal auf festgelegte Stile und Motive. Mandalas werden meist auf Stoff oder Papier gemalt (meist in Gouache). Bereits das Malen selbst gilt als meditative Handlung.

Traditionelle Formen

In der klassischen tantrischen Kunst mußte ein Mandala-Maler bereits ab sehr jungen Jahren komplexe visuelle Formen üben, um das Universum wiedergeben und göttliche sowie kosmische Symbole genau darstellen zu können. Er mußte sich strikt an die traditionelle Symbolik halten und genau festgelegte Symbole, Formen und Farben verwenden. Nur so konnte er der Person, die das Mandala betrachtete oder damit meditierte, die ewige spirituelle Wahrheit und Kraft vermitteln.

Mandalas und Meditation

Betrachtet ein geübter Meditierender ein Mandala, kann er kosmische und psychische Energie vereinigen. Das dargestellte Bild spiegelt das innere Wesen des Betrachters wider, und indem er über das Mandala und seine Bedeutung nachsinnt, kann er sich, wie Heita Copony schreibt, »seines eigenen komplexen, vielschichtigen Wesens ebenso bewußt werden … wie des Sinnes von Geburt und Tod und der unveränderlichen Einheit alles Seins.«

II

Der Körper

Sexualität erkunden

Sie können mit Ihrem Partner die sexuelle Ekstase nur voll auskosten, wenn Sie Ihren eigenen Körper und sein sexuelles Potential kennen. Zudem müssen Sie den Körper Ihres Partners, seine sexuelle Anatomie und seine Antwort auf sexuelle Reize erkunden.

Die Menschen unterscheiden sich nicht nur in ihren seelischen und körperlichen Merkmalen, sondern auch in ihrer Reaktion auf sexuelle Reize. Wenn Sie Ihre eigene Sexualität erforschen und Ihre Reaktion auf sexuelle Reize erkunden, lernen Sie sich nicht nur selbst besser kennen, Sie werden auch im Bett größeres Selbstbewußtsein bekommen. Zusätzlich sollten Sie auch die Reaktion Ihres Partners auf sexuelle Reize erforschen und herausfinden, wie er gerne berührt, liebkost, geküßt und stimuliert wird. Sie und Ihr Partner können beim Sex besondere Befriedigung finden, wenn Sie seine sexuellen Vorlieben so gut kennen, daß Sie ihn beinahe intuitiv optimal stimulieren können.

»Yang muß mit Yin verbunden sein. Und Yin kann nur mit Yang wachsen.«

LAOTSE

Kontrolle über die Muskeln

Sie können sich selbst und Ihren Partner sexuell besser befriedigen, wenn Sie lernen, Kontrolle über die Muskeln in Ihrem Genitalbereich und vor allem die Beckenbodenmuskeln (Musculus pubococcygeus) zu erlangen. Bei Frauen umschließt die Vagina den Penis beim Akt fester, wenn sie diese Muskeln anspannen. Das erhöht die Lust für beide Partner (siehe Seite 32). Können Männer die Beckenbodenmuskeln kontrollieren (siehe Seite 43), trainieren sie den Genitalbereich und können vor allem die Ejakulation steuern.

Kontrolle der Ejakulation

Im Tantrismus und Taoismus zählen die Kontrolle der Ejakulation und das Zurückhalten des Samens zu den wichtigsten sexuellen Fähigkeiten, die ein Mann erlernen kann. Diese Fähigkeiten helfen ihm, ohne Ejakulation zum Orgasmus zu kommen. Sie schützen sein Yang und ermöglichen ihm, den Akt auszudehnen und so seiner Partnerin größte sexuelle Befriedigung zu bieten.

Es gibt noch weitere Techniken, mit denen ein Paar die Lust steigern kann. Dazu zählt die Stimulation des G-Punkts der Frau (siehe Seite 29) und der Prostata des Mannes (siehe Seite 39). Der G-Punkt kann mit den Fingern oder beim Akt mit dem Penis stimuliert werden, die Prostata dagegen mit einem Finger.

Innerer Mann, innere Frau

Soll die sexuelle Energie in heilende und spirituelle Energie umgewandelt werden, müssen beide Partner bereit sein, über den Schatten ihrer Persönlichkeit und ihres Egos zu springen und den richtigen Ausgleich zwischen Yin und Yang zu finden, damit diese beiden Energien in Harmonie fließen können. Es ist wichtig, daß beide Partner lernen, die Energie des anderen zu erkennen, zu verstehen und zu »fühlen« sowie die Energie offen und willig zu geben und zu empfangen. Wesentlich für diese Fähigkeit ist die Erkenntnis, daß wir im Prinzip alle bisexuell sind. Damit meine ich, daß jeder Mann und jede Frau männliche und weibliche Aspekte haben.

Männliche und weibliche Aspekte

Der Mann wird mit Feuer und männlicher Yang-Energie assoziiert. Diese aktive, dynamische Kraft tragen alle Menschen in sich. Zu den »männlichen« Eigenschaften zählen Verstand, Ehrgeiz und Selbstbewußtsein. Frauen werden mit Wasser gleichgesetzt, die Weiblichkeit mit Intuition, Passivität und frei fließender Energie. Diesen Yin-Aspekt enthalten alle Menschen. »Weibliche« Eigenschaften sind Nähren, Empfangen und Pflegen.

Wir müssen ohne Unterdrückung oder Angst einen Ausgleich zwischen diesen beiden Aspekten finden. Verletzlichkeit kann bei Männern eine Stärke sein, und Frauen können sehr selbstbewußt und trotzdem weiblich sein. Bereits in der Kindheit ist das Verhalten durch das Geschlecht bestimmt, und wir werden angehalten, diese natürlichen männlichen und weiblichen Aspekte unserer Persönlichkeit zu unterdrücken. Doch sollten wir lernen, diese Eigenschaften zu entfalten.

Wenn wir uns für diese verschiedenen männlichen und weiblichen Aspekte in uns öffnen, werden wir zu ausgeglicheneren und vollständigeren Menschen und lernen, unseren Partner besser und umfassender zu verstehen. Zudem verleiht uns das Wissen um unser neues »Ich« ein Selbstvertrauen, das uns attraktiv macht.

Männer und Frauen sind verschieden, doch sollten diese Unterschiede nicht zu Machtkämpfen, sondern zu Harmonie führen. Diese Harmonie beginnt in uns, denn in unserem Körper sind beide Geschlechter durch die göttliche Verbindung von Schiwa und Schakti, Yin und Yang vereint. Wenn man Sex als tantrisches Ritual erlebt, wird die Frau zu einem Tor für den Mann, hinter dem er seine innere Frau findet, und der Mann öffnet seine Partnerin für ihren inneren Mann.

Es ist sehr hilfreich, beim Sex die Rollen zu tauschen. Der Mann kann seinem weiblichen Aspekt Ausdruck verleihen, die Frau ihrem männlichen. Beide sind das perfekte Spiegelbild der inneren Aspekte des Partners, und wenn man diese beim Sex erforscht, so ist es möglich, die passive und aktive Energie harmonisch und ohne geschlechtliche Zwänge auszutauschen.

Die Frau

Ich hoffe, daß sowohl Männer als auch Frauen die folgenden Seiten lesen werden, denn es ist wichtig, daß beide den Körper des Partners und seine Reaktion auf sexuelle Reize verstehen.

Die körperlichen Unterschiede zwischen Mann und Frau wirken sich auf die psychologische und geistige Entwicklung aus. Wenn man also versteht, wie der männliche und der weibliche Körper funktionieren, so wird man den Partner auch als Mensch besser begreifen.

Es gibt keinen Grund, sich für seinen Körper zu schämen. Vielmehr sollte man ihn feiern, denn Fleisch und Geist gehören im Tantrismus und Taoismus zusammen. Beim Sex haben Sie intimen Kontakt mit Ihrem Partner, und es zeugt von großem Einfühlungsvermögen, einander vollständig zu lieben. Sie sollten aber auch die vielen verschiedenen Kräfte, natürlichen Zyklen und subtilen Energien verstehen lernen, die jede Stufe unseres Lebens durchdringen. Durch dieses Wissen entdecken Sie einander neu und werden auch den Körper des Partners besser begreifen lernen.

Die weiblichen Geschlechtsorgane

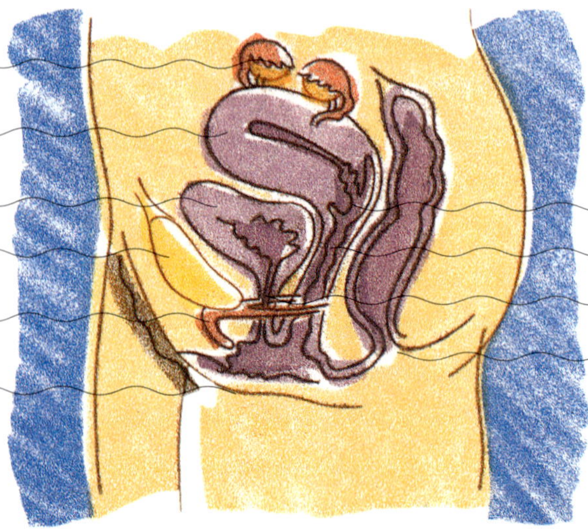

Die weiblichen Geschlechtsorgane
Der Venusberg (Mons veneris) ist eine Fettschicht, die das Schambein bedeckt und in die äußeren Schamlippen (Labia majora) übergeht. Darinnen liegen die inneren Schamlippen (Labia minora), die äußere Harnröhrenöffnung und die Scheidenöffnung. Die inneren Lippen bilden oben eine «Haube», die die hochempfindliche Eichel der Klitoris bedeckt, wenn sie nicht erigiert ist. Zieht man die Vorhaut zurück, sieht man die Klitoris.

Der G-Punkt

Bei sexueller Erregung sammelt sich Blut in den Blutgefäßen um die Harnröhre. So entsteht eine Schwellung, die man an einem Punkt durch die Scheidenwand spüren kann, der als G-Punkt bekannt ist. Er ist nach seinem Entdecker, dem deutschen Gynäkologen Ernst Grafenberg benannt. Bei manchen Frauen ist er empfindlicher als bei anderen.

Man kann ihn mit dem Finger finden, wenn man sich am vorderen und oberen Teil der Scheide vorantastet. Wird der Punkt mit dem Finger oder dem Penis des Partners stimuliert, fühlt die Frau starke Erregung, die häufig von dem Gefühl, urinieren zu müssen, begleitet wird. Wenn Sie so weit kommen, halten Sie sich nicht zurück. Geben Sie sich dieser Erfahrung ohne Angst hin, denn nur wenn Sie fortfahren, können die sexuelle Erregung und die Ejakulation zu ihrem wahren Höhepunkt gelangen (siehe Seite 35).

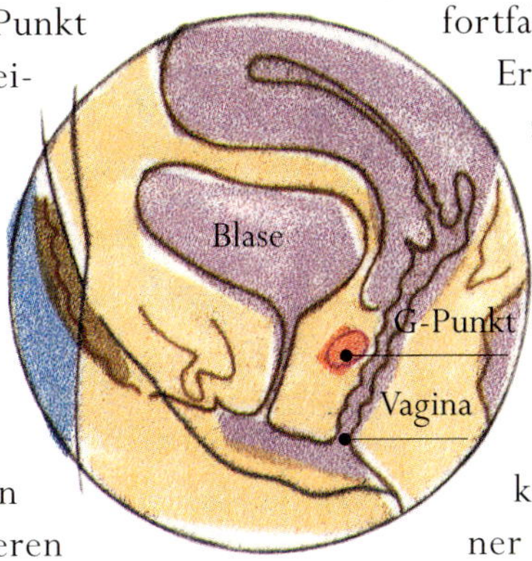

Der G-Punkt läßt sich beim Liebesspiel am besten stimulieren, wenn Sie auf dem Bauch liegen, knien oder auf Ihrem Partner liegen. Einige Frauen können durch Stimulation des G-Punkts bis zum Höhepunkt gelangen, während bei anderen einfach die Erregung stärker wird.

Der G-Punkt
Sie können den G-Punkt suchen, indem Sie vorsichtig einen Finger in die Scheide einführen und auf der Bauchseite der Scheidenwand nach einem Bereich tasten, an dem das Gewebe eine andere Struktur hat. Es ist hier unregelmäßiger und hat winzige Fältchen. Das ist der G-Punkt. Er läßt sich leichter finden, wenn Sie hocken oder im Liegen die Beine in die Luft strecken, als wenn Sie sitzen, stehen oder flach liegen.

Den Körper kennenlernen

Es gibt eine Übung, die ich allen bei der Lektüre dieses Kapitels sehr ans Herz lege, die sie noch nicht kennen. Ziehen Sie sich aus, nehmen Sie einen Spiegel und betrachten Sie Ihren Genitalbereich genau, bis Sie alle Farben und Formen kennen.

Erregung und Orgasmus

Bei sexueller Erregung schwellen die Schamlippen einer Frau an und nehmen einen tieferen Farbton an. Der Schaft der Klitoris wird dicker, kürzer und erigiert, die Scheide wird länger und breiter und sondert eine klebrige Flüssigkeit ab. Die Brüste schwellen an, und die Brustwarzen richten sich auf. Setzt sich die Erregung fort, wird die Klitoris noch größer, doch scheint sie zu verschwinden, da sie sich zum Schambein neigt und von den angeschwollenen Schamlippen bedeckt wird. Da das Brustgewebe anschwillt, scheinen auch die Brustwarzen weniger zu erigieren.

Beim Orgasmus ist die Herzfrequenz einer Frau mehr als doppelt so hoch, ihr Atem dreimal so schnell wie üblich, und das äußere Drittel der Scheide zieht sich rhythmisch drei- bis 15mal in ebenso vielen Sekunden zusammen.

Erogene Zonen der Frau

Die erogenen Zonen – vorne und seitlich
Die wichtigsten erogenen Zonen liegen vorne und seitlich bei einer Frau auf der Innenseite der Arme, den Brüsten und Brustwarzen, der Taille, dem Genitalbereich und den Oberschenkel. Auf dem Kopf reagieren Kopfhaut, Ohren, Wangen, Lippen, Augenlider, Hals und Nacken auf sanfte Berührung und Küsse mit sexueller Erregung.

Erogene Zonen sind all die Teile des Körpers, deren Berührung sexuelle Erregung verursacht. Im Tantrismus und Taoismus sowie in vielen alten Liebestexten ist jedoch der gesamte Körper eine erogene Zone, die der Geist erwecken kann. Ist dies der Fall, reagiert der Körper durch die Sinnesorgane, er aktiviert verborgene Kanäle und setzt Energie frei. So definiert etwa das hinduistische Liebeshandbuch *Ananga Ranga* folgende erogenen Zonen der Frau: Kopf, Augen, Lippen, Mund, Wangen, Ohren, Hals, Nacken, Brüste, Brustwarzen, Bauch, Rücken, Arme, Hände, Oberschenkel, Knie, Sprunggelenke, Füße, große Zehen, Vulva, Taille, Po, Scheitel und Stirn. Diese Liste umfaßt beinahe alle Körperteile.

Die Tantristen und Taoisten des Altertums glaubten auch, daß bei einer Frau während der unterschiedlichen Mondphasen verschiedene »Leidenschaften« in unterschiedlichen Körperteilen verborgen waren. Der Tantrismus kannte bestimmte Rituale für spezielle Tage des Mondzyklus. Dazu zählte die Stimulation bestimmter Teile des weiblichen Körpers. Dieser Glaube spiegelt sich auch im *Ananga Ranga* wieder. Hier steht geschrieben, daß die Leidenschaft einer Frau zwischen Neumond und Vollmond in der rechten Körperhälfte schlummert, zwischen Vollmond und Neumond in der linken.

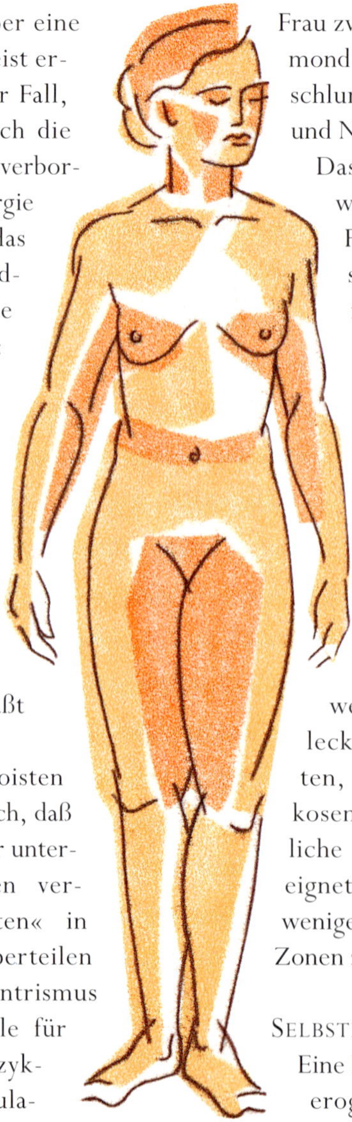

Das *Ananga Ranga* sagt auch, wie die erogenen Zonen einer Frau stimuliert werden müssen, um sie zu erregen. So rät das Buch, Kopf und Haar der Frau zu stimulieren, indem der Mann ihr Haar hält und ihren Kopf mit den Fingerspitzen massiert. An ihren Lippen sollte er saugen und sanft beißen.

Die erogenen Zonen der Frau können auf vielerlei Weise stimuliert werden. Dazu zählen küssen, lecken, beißen, nuckeln, kneten, reiben, streicheln, liebkosen und drücken. Eine sinnliche Massage (siehe Seite 102) eignet sich hervorragend, um die weniger offensichtlichen erogenen Zonen zu aktivieren.

Selbsterforschung

Eine Frau kann sehr viel über ihre erogenen Zonen lernen, wenn sie ihren nackten Körper vor einem Spiegel erforscht. Allerdings haben manche Menschen damit Probleme, da sie insgeheim alle Körperteile kritisch betrachten, die nicht perfekt sind. Daher ziehen sie sich nicht gerne aus.

Der Mensch besteht aber nicht nur aus körperlichen Attributen, und nur wenn wir uns selbst lieben, erlangen wir Selbstbewußtsein, das immer attraktiver wirkt als Selbstzweifel. Erforschen Sie Ihren nackten Körper, und nehmen Sie ihn, wie er ist. Überlegen Sie, was Sie an Ihrem Körper und Ihrem Gesicht mögen. Was fühlen Sie? Und was empfinden Sie für andere Körperteile?

Hauchen Sie diesen Teilen Liebe ein, lächeln Sie sich zu, und sagen Sie sich, daß Sie schön sind. Wenn Sie Ihren Körper voll akzeptieren und lieben können, werden Sie ihn mehr schätzen. Das kann Ihr Leben auf vielerlei Weise ändern.

Den physischen Körper lieben und schätzen zu lernen, ist nur ein Aspekt der Selbsterforschung. Wenn Sie voll von den taoistischen und tantrischen Sexualpraktiken profitieren möchten, müssen Sie Ihre Aufmerksamkeit von Ihrem Aussehen nach innen lenken. Nehmen Sie sich die Zeit, um über Ihre Verbindung mit allem Leben nachzudenken und die Gründe hinter Ihrem Handeln sowie Ihre Reaktionen auf verschiedene Situationen zu verstehen. Versuchen Sie, Ihr wahres Ich und Ihr inneres Ich, das sich nur Ihnen selbst offenbart, zu erkennen.

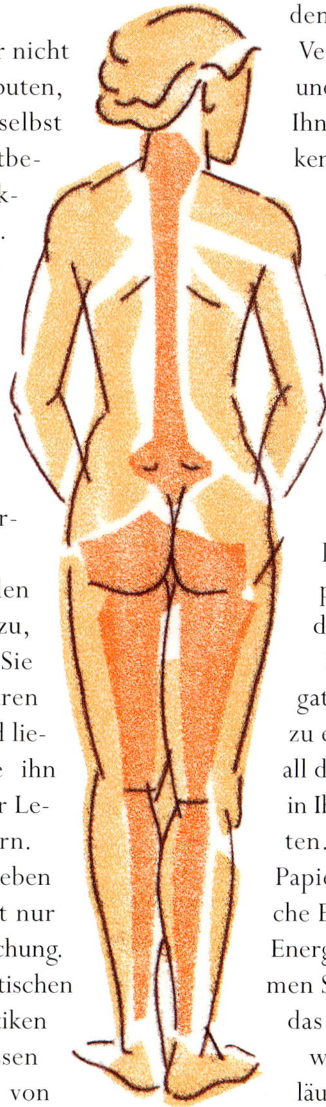

Selbstentdeckung

Ein Spiegel ist ein wichtiges Instrument, wenn Sie sich selbst erforschen wollen. Beobachten Sie, wie sich Ihr Gesichtsausdruck mit verschiedenen Gedanken und Gefühlen verändert. Ersetzen Sie negative Gedanken und Gefühle durch positive und beobachten Sie die körperlichen Änderungen.

Schaffen Sie Rituale, um negative Gedanken durch positive zu ersetzen. Schreiben Sie etwa all das auf ein Blatt Papier, das Sie in Ihrem Leben verändern möchten. Verbrennen Sie dann das Papier, um die negative, schädliche Energie in positive, nährende Energie zu verwandeln. Oder nehmen Sie ein rituelles Bad, bei dem das Wasser Ihre Sorgen abwäscht, Ihren Geist reinigt und läutert.

Die erogenen Zonen – hinten

Die Linie, die die Wirbelsäule vom Hals bis zu den Pobacken beschreibt, zählt zu den wichtigsten erogenen Zonen des weiblichen Körpers. Die Pobacken mit ihren vielen verästelten Nervenenden und die Rückseite der Beine sind ebenfalls stark erogene Bereiche.

MUSCULUS PUBOCOCCYGEUS

LAGE DES MUSCULUS PUBOCOCCYGEUS
Der Muskel hat die Form einer Acht und umschließt Vagina, Harnröhre und After. Sie können ein Gespür dafür bekommen, indem Sie den Urinfluß mehrmals unterbrechen. Wenn Sie wissen wollen, wie stark der Muskel ist, führen Sie einen Finger in die Vagina ein, ziehen den Muskel zusammen und fühlen, wie sich die Vagina um Ihren Finger schließt.

Der Beckenboden enthält bei Männern und Frauen zwei Muskelgruppen. Zu den äußeren vorderen Muskeln zählen der Musculus bulbcavernosus, der äußere Genitalmuskel und der Harnröhrenschließmuskel. Zu den inneren rückwärtigen Muskeln, die nahe beim After liegen, gehören Musculus pubococcygeus, Musculus iliococcygeus und Anusheber.

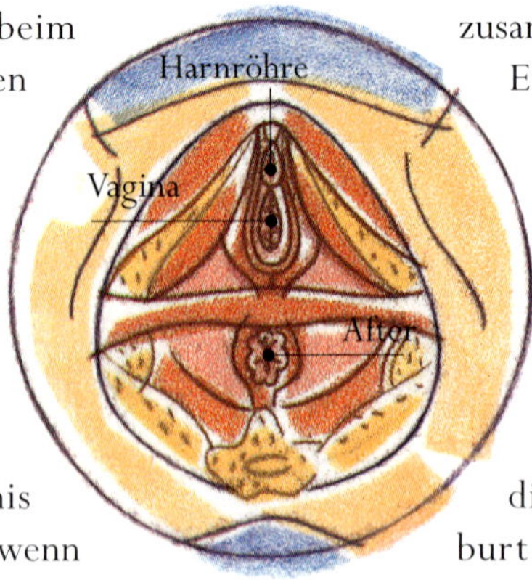

Der Musculus pubococcygeus wird auch als »Liebesmuskel« bezeichnet, da die Vagina beim Geschlechtsakt den Penis fester umschließen kann, wenn er angespannt wird. Er erstreckt sich vom Schambein zum Steißbein und wird eingesetzt, wenn man ein dringendes Bedürfnis zu urinieren unterdrücken muß. Man findet ihn am leichtesten, wenn man versucht, den Urinfluß zu steuern.

Wie alle Muskeln kann man auch den Musculus pubococcygeus trainieren und so Sex für Mann und Frau befriedigender machen. Bei einem Orgasmus zieht sich dieser Muskel bei Mann und Frau bis zu 15 Sekunden lang alle 0,8 Sekunden zusammen.

Es hat viele Vorteile, die Beckenbodenmuskeln zu trainieren. Bei diesen Übungen erleben Sie Ihre Genitalien und sexuellen Gefühle und lernen so, den Orgasmus zu steuern. Zudem bleibt die Vagina nach einer Geburt fest und straff. Wenn Sie den Muskel während des Aktes willentlich zusammenziehen können, steigt auch Ihre Erregung, da mehr Blut in diesen Bereich fließt und so Vagina, Klitoris und G-Punkt mit Energie und Gefühl versorgt werden.

ÜBUNGEN FÜR DEN MUSCULUS PUBOCOCCYGEUS

Bereits lange vor den 50er Jahren, als der amerikanische Arzt Arnold Kegel die Beckenbodenmuskelübungen entwickelte, wußten die Experten des Altertums, daß Mann und Frau einen Orgasmus erreichen, steigern, verlängern und steuern können, wenn sie Kontrolle über diesen Muskel haben. Durch Zusammenziehen der Beckenbodenmuskeln wurde auch die Energie im Körper gespeichert.

Möchte man den Muskel trainieren, spannt man ihn rhythmisch an und entspannt ihn wieder. Diese Übung macht man anfangs 20mal, zweimal am Tag. Man kann sie im Stehen, Sitzen oder Liegen bei allen Tätigkeiten und an allen Orten (beim Schreiben, Lesen, Arbeiten, wenn man auf Bus, Zug oder Flugzeug wartet) durchführen. Sie ist angenehm – sehr angenehm! Man steigert die Zahl der Kontraktionen langsam, sollte sich aber nicht überanstrengen, damit der Muskel nicht zu schmerzen beginnt. Anfangs werden Sie vielleicht nicht nur den Musculus pubococcygeus, sondern auch die Bauchmuskeln anspannen, doch bald werden Sie die Kontraktionen isoliert durchführen, während der Rest des Körpers entspannt bleibt.

Sobald Sie die Pumpbewegung beherrschen, können Sie die Übung ausweiten. Spannen Sie den Muskel so lange wie möglich an und entspannen Sie ihn dann völlig. Beginnen Sie wieder mit 20 Wiederholungen und bauen Sie langsam auf. Entspannen Sie den Muskel aber nach jeder Kontraktion völlig. Konzentrieren Sie sich auf Ihre Empfindungen im Genitalbereich, die sehr erotisch sein können.

Wenn Sie zusätzlich zu dem Muskeltraining Atemübungen (siehe Seite 54) machen, werden Sie noch mehr empfinden. Atmen Sie ein, wenn Sie den Muskel anspannen, entspannen Sie den Rest des Körpers, und lassen Sie die Gefühle aus dem Genitalbereich den ganzen Körper durchströmen. Atmen Sie aus, drücken Sie nach unten, und entspannen Sie völlig, bevor Sie die Übung wiederholen.

Nach zwei Monaten wird der Muskel straffer und stärker sein. Und das neue Gefühl beim Geschlechtsverkehr wird Sie beflügeln, mit den Übungen fortzufahren.

Fortgeschrittene Techniken

Wenn Sie bessere Kontrolle über den Muskel haben, sollten Sie versuchen, ihn beim Akt anzuspannen und zu entspannen. Sie und Ihr Partner können bewegungslos nebeneinander liegen und sich lieben, indem Sie nur den Musculus pubococcygeus anspannen und entspannen. Wenn Sie nicht länger auf die Stöße Ihres Partners angewiesen sind, wird die sexuelle Befriedigung für Sie beide in neue und ungeahnte Höhen emporschnellen. Sie werden auch leichter einen Orgasmus erreichen, wenn Sie den Muskel anspannen und entspannen können.

Ein tolles Gefühl ist es auch, wenn Sie den Muskel entspannen, während Ihr Partner in Sie eindringt, und anspannen, wenn er den Penis zurückzieht. Mit der Zeit werden Sie in der Lage sein, mit der Vagina den gesamten Penis oder Teile davon zu umfassen.

Einsatz des Muskels
Das Kama Sutra *bezieht sich bei der Beschreibung der »Stutenposition« indirekt auf den Musculus pubococcygeus. Dabei handelt es sich weniger um eine Stellung als um eine Technik, bei der die Frau den Penis des Mannes fest mit der Vagina umklammert. Diese Technik kann bei jeder Stellung eingesetzt werden.*

Orgasmus

Frauen und Männer erleben den Orgasmus sehr unterschiedlich, und keiner kann sagen, was der andere wirklich fühlt. Männer empfinden meist bei der Ejakulation die höchste Befriedigung. Deshalb ist dieser Höhepunkt ihr Ziel, das sie sehr rasch erreichen können. Frauen benötigen dagegen meist mehr Zeit und Stimulation, bis ihre sexuelle Energie ansteigt. Im Taoismus wird der Mann mit dem Feuer, die Frau mit dem Wasser gleichgesetzt. Seine sexuelle Energie erhitzt sich sehr rasch und explodiert, während ihre Energie sich wie ein Topf mit kaltem Wasser erwärmt, nur langsam zu kochen beginnt und auch langsam wieder abkühlt.

Frauen benötigen nicht nur länger, um sexuelle Erregung zu empfinden, für sie kann der Orgasmus auch eine sehr hintergründige oder explosive Erfahrung sein. Jede Frau erlebt ihn je nach emotionaler, geistiger und körperlicher Verfassung unterschiedlich. Zudem spielen noch eine Reihe von komplizierteren Faktoren eine Rolle. Ich rate daher allen Frauen, nicht den Orgasmus als Ziel der Liebe zu sehen, sondern jeden Moment zu genießen.

Gegenseitige Befriedigung

Für die Tantristen und Taoisten des Altertums war die Befriedigung der Frau von großer Bedeutung. Sie betrachteten die Frau als Quelle lebensspendender Energie, und man lehrte die Männer, die Frauen zu erregen und gleichzeitig die Ejakulation zu kontrollieren und so den Höhepunkt, der heilt und inspiriert, hinauszuzögern.

Die Tantristen und Taoisten meinen, daß mit der sexuellen Erregung Energie durch den Körper strömt. Bei den Tantristen fließt die Energie durch die vier Hauptchakren (Solarplexus, Herz, Hals und Stirn), die einander gegenseitig aktivieren.

Die Taoisten meinen, daß die aufsteigende Energie in die wichtigsten Organe des Körpers fließt. Dr. Stephen Chang teilte in seinem Buch *Das Tao der Sexualität* den weiblichen Orgasmus in neun Ebenen ein. Die Reaktion der Frau auf jeder Ebene gibt darüber Aufschluß, wie die sexuelle Energie durch ihren Körper fließt und die verschiedenen Bereiche aktiviert.

Auf dieser Grundlage erreichen die meisten Frauen bei einem Orgasmus nur Ebene vier. Wenn aber der Mann seinen Samen zurückhalten (siehe Seite 46) und so seine Partnerin durch alle neun Ebenen des Orgasmus führen kann, so ist der Lohn enorm. Der Mann erfährt stärkere Befriedigung, seine Lust wird gesteigert, wenn er den Samen zurückhält und die Anspannung und Entspannung fühlt. Er kann sich langsam zu einem Höhepunkt führen und seiner Partnerin dabei liebevoll dienen.

Beide Partner müssen stimulieren und zurückhalten und die Rollen tauschen, um möglichst viel sexuelle Energie freizusetzen. Der Mann muß den Samen zurückhalten, während sich die Frau den Energiewellen hingibt und den Höhepunkt erzwingt.

Orgasmen von Klitoris und Vagina

Die Frau kann einen vaginalen oder einen klitoralen Orgasmus erleben. Bei letzterem wird die Klitoris stimuliert, und der Orgasmus findet im Genitalbereich statt. Bei ersterem werden Scheide und G-Punkt stimuliert, und der Orgasmus wird tiefer im Körper wellenförmig erlebt.

Da wir aber alle verschieden sind und den Orgasmus auf sehr unterschiedliche Weise erleben können, gibt es keine festen Regeln. Lernen Sie Ihre Sexualität kennen, befreien Sie sich von Scham und Schuldgefühlen und öffnen Sie sich Ihrer Sexualität, damit Sie höchste Befriedigung erlangen können.

Ejakulation der Frau

Nicht nur Männer können ejakulieren, sondern auch Frauen, wenn sie stark erregt sind! Bei sexueller Erregung bildet sich die Gleitflüssigkeit aus der Scheidenwand. Sie wird »erstes Wasser« genannt. Das »zweite Wasser« wird während des Orgasmus freigesetzt.

Das »dritte Wasser« ist eine Flüssigkeit, die wahrscheinlich von den Drüsen auf dem Harnröhrenschwamm (siehe Seite 29) freigesetzt wird. Die meisten Frauen erleben diese Ejakulation nie, da sie das Gefühl haben, urinieren zu müssen, und sich zurückhalten. Bei der Ejakulation fließt eine klare, wässrige Flüssigkeit aus.

Neun Ebenen des weiblichen Orgasmus

Nach dem Tao der Sexualität *lauten die neun Ebenen des Orgasmus bei der Frau:*

EBENE	KÖRPERTEIL, DER MIT ENERGIE VERSORGT WIRD	REAKTION DER FRAU
Eins	Lungen	*Sie seufzt, atmet heftig, im Mund sammelt sich Speichel.*
Zwei	Herz	*Sie streckt die Zunge heraus und küßt den Mann.*
Drei	Milz, Magen und Bauchspeicheldrüse	*Ihre Muskeln werden aktiviert. Sie umarmt den Mann und hält ihn mit beiden Armen fest.*
Vier	Nieren und Blase	*Ihre Scheide beginnt zu pulsieren, das Naß strömt.*
Fünf	Knochen	*Die Gelenke werden weich, sie beißt den Mann.*
Sechs	Leber und Nerven	*Sie bäumt sich auf und windet sich wie eine Schlange, wobei sie Arme und Beine um den Mann schlingt.*
Sieben	Blut	*Ihr Blut gerät in Wallung, sie will ihn überall berühren.*
Acht	Muskeln	*Ihre Muskeln entspannen sich, sie beißt fester.*
Neun	der ganze Körper	*Sie entspannt sich völlig und gibt sich dem Mann hin.*

Menstruation

Der monatliche Zyklus ist bei jeder Frau anders. Er wird von religiösen und kulturellen Komponenten ebenso beeinflußt wie von einer Vielzahl von Symptomen, die der Menstruation vorausgehen, sie begleiten und ihr folgen.

Für die Taoisten war es von größter Bedeutung, die Energie zu bewahren, und sie meinten, daß während der Menstruation wertvolle Energie verlorenging. Als Lösung entwickelten sie die Hirschübung für die Frau, bei der die Frau die Menstruation einstellt und so den Energieverlust umkehrt. Bei der Übung werden die Brüste und die Scheide massiert und die Beckenbodenmuskeln (siehe Seite 32) angespannt. Diese Übung soll zudem die sexuelle Energie steigern und die Frau jung halten. Eine Beschreibung der Hirschübung enthält Dr. Stephen Changs Buch *Das Tao der Sexualität*, für detailliertere Informationen empfehle ich das Werk *Der geheime Weg zur weiblichen Liebesenergie* von Mantak und Maneewan Chia.

Der Zyklus

Der Zyklus ist bei jeder Frau unterschiedlich lang, beträgt jedoch meist ca. 28 Tage. Die Menstruation selbst ist nichts anderes als das Abstoßen von Gewebe auf der Gebärmutterschleimhaut. Dies geschieht jeden Monat, wenn die Frau nicht schwanger wird. Die Hormone werden in verschiedenen Stufen des Zyklus freigesetzt und können starken Einfluß auf die Stimmung der Frau haben.

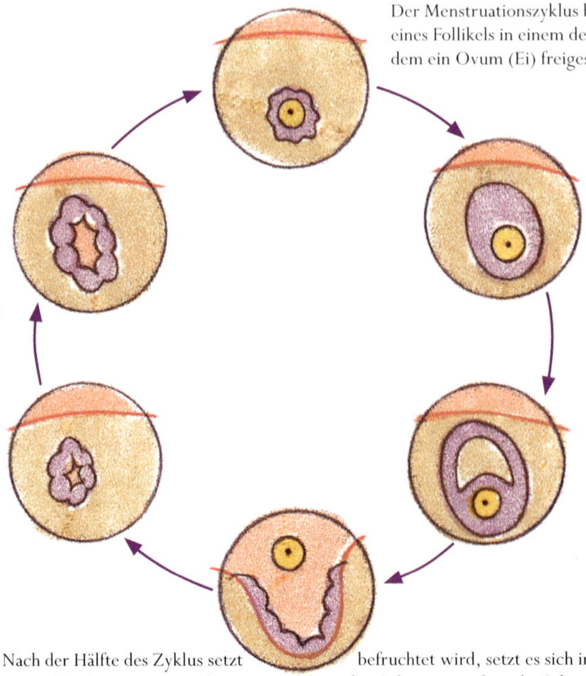

Der Menstruationszyklus beginnt mit dem Reifen eines Follikels in einem der beiden Eierstöcke, aus dem ein Ovum (Ei) freigesetzt wird.

In der ersten Woche des Zyklus wächst der Follikel und erzeugt das Hormon Östrogen.

In der zweiten Woche des Zyklus wächst der Follikel weiter und erzeugt Östrogen. Es bewegt sich zur Oberfläche des Eierstocks.

Nach der Hälfte des Zyklus setzt das Follikel beim Eisprung das Ei frei, das in einen der Eileiter eindringt. Wenn es von einem Samen befruchtet wird, setzt es sich in der Gebärmutter fest, die Schwangerschaft setzt ein, und die Menstruation findet nicht statt.

Nach Freisetzen des Eis wird der geöffnete Follikel zu einer Struktur, die als Gelbkörper bezeichnet wird.

Der Gelbkörper wächst einige Tage und erzeugt das Hormon Progesteron, bevor er mit Einsetzen der Menstruation etwa 28 Tage nach Beginn des Zyklus ausdörrt.

Die Menstruation in verschiedenen Kulturen

Die Macht der monatlichen Blutungen ist mit großer Angst behaftet. Bei vielen alten Kulturen in aller Welt (und heute noch bei einigen Ethnien in Afrika und Asien) war es üblich, daß sich die Frauen während der Menstruation aus dem täglichen Leben zurückzogen. Für sie gab es besondere Vorkehrungen, damit sie nicht für die anderen kochen, an religiösen Ritualen teilnehmen oder an Gemeinschaftsplätzen baden mußten. Man dachte, daß eine Frau während der Menstruation für übersinnliche Kräfte empfänglicher war.

Im Westen geht die Menstruation heute sehr diskret vor sich, und wir kommen kaum oder überhaupt nicht mit dem »Zeug« in Kontakt, das unser Körper jeden Monat absondert. Wenn wir nicht unter starken Schmerzen leiden oder uns sehr unwohl fühlen, ignorieren wir die Menstruation und leben normal weiter. Die meisten Frauen lehnen ihre Menstruation ab oder hassen sie sogar. Allerdings können wir sie völlig anders erleben, wenn es uns gelingt, sie als Zeit erhöhter Aufnahmefähigkeit, der Reinigung und der Erneuerung zu erleben, die man ehren sollte.

Natürlich müssen sich die Männer dieser speziellen Zeit bewußt sein und ihre Partnerin besser schützen. Sie sollten ihr mehr Freiraum geben und eine Möglichkeit zum Rückzug geben, wenn sie dies wünscht.

Menstruationsrituale

Für tantrische Yogis gilt eine menstruierende Frau als Verkörperung der Mutter Kali, der Göttin und Begründerin der Transzendenz. Während der Menstruation ist die Frau ein Tor zu anderen Welten. In manchen tantrischen Texten heißt es, daß ein Mann verjüngt wird, wenn er mit einer menstruierenden Frau schläft.

Bei Frauen kann Sex während der Menstruation Krämpfe und Unwohlsein stark mindern. Am besten eignen sich die Stellungen, bei denen die Frau oben ist. Hier kann sie die aktive Rolle übernehmen, ihre Energie und ihr Blut können nach unten fließen. Es ist wichtig, daß das Blut nach unten fließen kann, da bei den anderen Stellungen der Blutfluß gehemmt wird, das Blut nach oben gedrückt wird und die Frau so Schaden erleiden kann.

Ein sehr mächtiges Ritual, das Sie alleine oder mit einem intimen Partner durchführen können, ist es, den Finger in die Vagina zu stecken und das Menstruationsblut auf die Stirn zu tupfen. Nehmen Sie sich danach Zeit zu meditieren oder ruhig und ohne Ablenkung zu sitzen. Sie können das Ritual auch am Abend durchführen, bevor Sie schlafen gehen. Mein Liebhaber und ich teilen dieses Ritual, das uns vereint. Wenn man die Macht dieses Erlebnisses mit einem Partner erleben kann, der eine Frau mit Ehrfurcht und Respekt, Verständnis und Demut betrachtet, ist dies ein reinigendes, starkes Erlebnis.

Der Mann

Wie bei dem Kapitel über die Frau (siehe Seite 28) hoffe ich, daß Männer und Frauen die folgenden Seiten lesen werden, um zu erfahren, wie die Sexualität des Mannes funktioniert und wie sie gestärkt werden kann.

Eine der größten Befriedigungen erfährt der Mann beim Sex dann, wenn sich seine Partnerin ihm hingibt und sich wie ein blühender Lotos öffnet. Die weibliche Yin-Energie (siehe Seite 15) in ihrer stärksten Form steht in Harmonie mit seiner männlichen Yang-Energie, und der Sex wird zu einem Erlebnis, das beide befriedigt. Er öffnet das Tor zu größerer Selbsterkenntnis und fördert die Gesundheit und die Vitalität.

Wenn aber eine Frau von ihrem Partner nie befriedigt wird, so führt dies zu einem Ungleichgewicht der Energien, das sich körperlich und seelisch auf beide Partner auswirkt. Damit ein Mann eine Frau sexuell befriedigen kann, muß das Vorspiel lang genug sein (siehe Seite 108). Zudem muß er die Ejakulation durch Zurückhaltung (siehe Seite 46) steuern oder verzögern können. Dafür muß der Mann aber seine sexuelle Anatomie verstehen.

Die männlichen Geschlechtsorgane

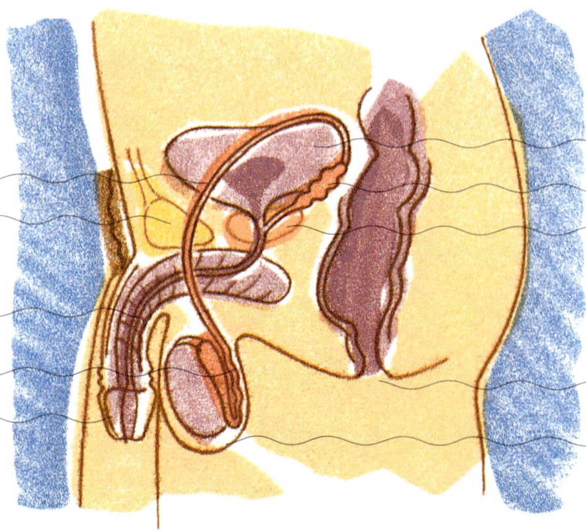

Die Genitalien des Mannes
In den Hoden werden Spermien produziert, die in den Nebenhoden abgelagert werden. Von hier gelangen sie über den Samenleiter in die Samenbläschen, wo die Samenflüssigkeit produziert und bis zur Ejakulation gespeichert wird. Die Samenbläschen sind mit der Prostata verbunden, die über dem After und vor der Blase um den Harnleiter liegt. Die Prostataflüssigkeit, die von der Prostata abgegeben wird, ist ein Hauptbestandteil des Samens.

Die Prostata

Die Prostata ist eine kastanienförmige Drüse, die den Harnleiter nahe seines Austrittspunkts aus der Blase umgibt. Sie vergrößert sich bei sexueller Erregung und sondert eine klare Flüssigkeit ab, die ein wesentlicher Bestandteil des Samens ist. Bei der Ejakulation zieht sich die Drüse rhythmisch zusammen, damit der Samen den Harnleiter entlanggetrieben werden kann. Das angenehme Gefühl, das damit einhergeht, wird durch die Kontraktion der Prostata ausgelöst.

Wie Frauen auf Reizung des G-Punkts (siehe Seite 29) reagieren Männer auf Stimulation der Prostata sehr stark. Sie empfinden dies besonders vor einem Orgasmus als sehr angenehm.

Suchen Sie die Prostata mit einem Finger, und erforschen Sie Größe, Form und Gefühl sowie Vergrößerung bei sexueller Erregung. Eine sanfte Massage der Prostata ist vor allem vorteilhaft, wenn Sie Zurückhaltung üben (siehe Seite 46). Besonders angenehm ist es, wenn die Partnerin die Prostata massiert. Man sollte mit sanftem Druck massieren, die Hände davor und danach waschen und die Fingernägel kurz geschnitten haben.

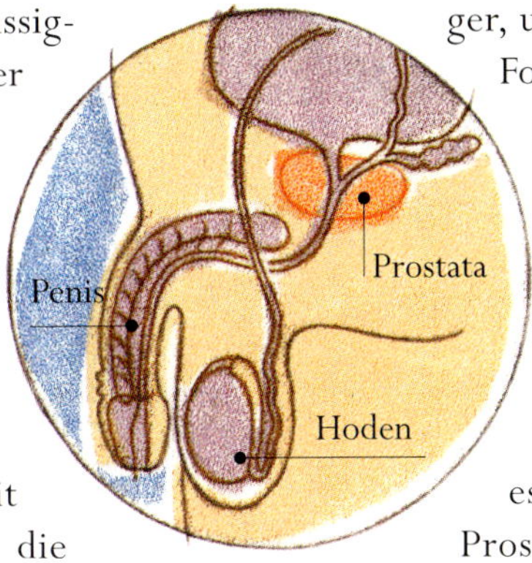

Lage der Prostata
Sie sollten die Prostata durch die vordere Wand des After fühlen können, wenn Sie sanft einen Finger in den After stecken und nach oben zum Nabel hin drücken. Manchmal ist es auch möglich, die Prostata von außen zu stimulieren, wenn Sie auf das Perineum, den Bereich zwischen Skrotum und After, drücken. Durch eine regelmäßige Untersuchung und Massage der Prostata werden Sie auch auf krankhafte Veränderungen aufmerksam.

Den Körper kennenlernen

Die wichtigsten Teile der männlichen Genitalien sind Penis, Hoden (Testikel) und Prostata (siehe oben). Der Penis besteht aus schwammförmigem Gewebe, das den Harnleiter umgibt. Diese dünne Röhre verläuft durch den Penis und dient zur Ausscheidung von Urin und Samen. Die beiden Hoden sind in einem Hautsack, dem Skrotum oder Hodensack, eingeschlossen. Sie hängen an je einem Samenstrang, der sie mit Blut und Nervenenden versorgt, und enthalten je einen Samenleiter, durch den der Samen fließt.

Wenn ein Mann sexuell erregt ist, füllt sich das schwammartige Gewebe seines Penis mit Blut. Dadurch schwillt der Penis an, wird steif und erigiert. Knapp vor der Ejakulation (siehe Seite 44) ziehen sich die Hoden zum Körper hin, die Wand des Skrotums wird dicker und fester, und Blutdruck, Herzfrequenz, Atemrhythmus und Hauttemperatur steigen an.

Durch die rhythmischen Kontraktionen von Prostata, Samenbläschen und Samenleiter wird der Samen in den Harnleiter gedrückt. Bei der Ejakulation wird der Samen durch den Harnleiter gepreßt und durch Kontraktionen des Harnleiters und der Muskeln an Penisansatz und -schaft nach draußen gedrückt.

Erogene Zonen des Mannes

Die erogenen Zonen sind die Körperstellen, die auf Stimulation besonders empfindlich reagieren. Zwar ist jeder Mann anders, doch sind die wichtigsten erogenen Zonen Penis, Nabel, Brust, Brustwarzen, Oberschenkel, Hände, Füße, Zunge, Ohren und Hals. Achseln, Augenlider, Skrotum und Prostata zählen zu den weniger bekannten Bereichen. Die wichtigste erogene Zone ist aber bei Männern und Frauen der Geist. Wenn die Phantasie angeregt wird, reagiert der Körper mit all seinen Sinnesorganen.

Die erogenen Zonen — vorne und seitlich
Vorne und seitlich am Körper befinden sich die wichtigsten erogenen Zonen des Mannes: Hals, Ohren und Kehle, Achseln, Brust und Brustwarzen, der Bereich zwischen Nabel und Genitalien, die Genitalien selbst, das Perineum und die Innenseite der Oberschenkel. Man kann einen Mann auch erregen, wenn man seine Hände und Füße küßt oder streichelt.

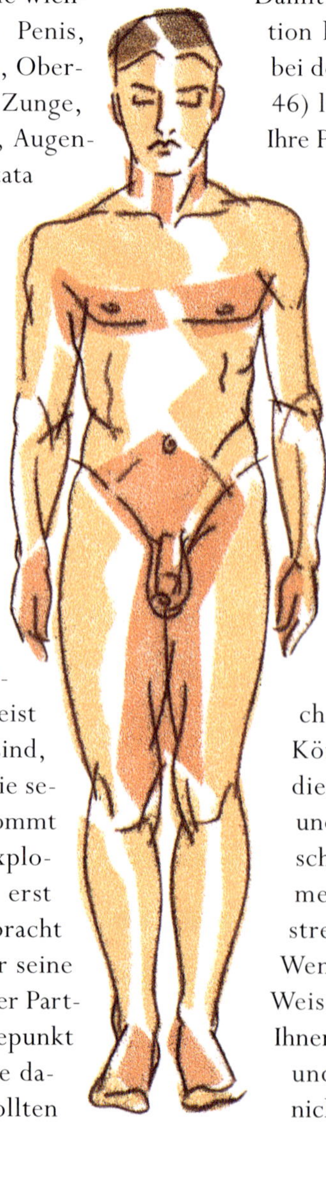

Erregung

Die sexuelle Energie fließt bei Männern und Frauen recht unterschiedlich. Frauen benötigen meist viel länger, bis sie erregt sind, als die meisten Männer. Die sexuelle Hitze des Mannes kommt rasch zum Wallen und explodiert, während eine Frau erst langsam zum Kochen gebracht wird. Kann ein Mann aber seine Erregung steuern und seiner Partnerin helfen, an den Höhepunkt zu gelangen, werden beide davon profitieren. Sie sollten wissen, wie Sie auf Berührung reagieren und Ihre Erregung steuern können, während Sie die Partnerin stimulieren. Damit können Sie auch die Ejakulation lenken, und Sie werden sich bei der Zurückhaltung (siehe Seite 46) leichter tun, von der Sie und Ihre Partnerin profitieren können.

Neue Erfahrungen

Lenken Sie Ihre Sinne nach innen, und erleben Sie den Körper von innen, während Sie ihn von außen stimulieren. Vergessen Sie Ihre maskuline Logik, und lassen Sie der weiblichen, intuitiven Seite in Ihnen den Vortritt. So werden Sie nicht nur größeres Vergnügen an der Stimulation finden, sondern auch erfahren, welche Hemmungen Ihnen Ihr Körper auferlegt. Wenn Sie diese Hemmungen erkennen und dazu stehen, werden Sie es schaffen, damit zurechtzukommen und sie mit etwas Anstrengung sogar abzulegen. Wenn Sie sich selbst auf diese Weise kennenlernen, wird es Ihnen möglich sein, Sex mit Geist und Körper zu erleben und nicht nur mit den Genitalien.

SELBSTBEFRIEDIGUNG

Den meisten Menschen wird bereits in sehr jungen Jahren erklärt, daß man sich schämen muß, wenn man sich selbst befriedigt. Deshalb befriedigen wir uns im geheimen und versuchen, möglichst rasch damit fertig zu sein, damit uns niemand dabei erwischt. So beschränken sich viele Männer bei der Selbstbefriedigung darauf, den Penis zu stimulieren und rasch zum Höhepunkt zu kommen.

Diese unnötige Einschränkung bei der Selbstbefriedigung kann einige negative Auswirkungen haben. Sie kann Scham für die eigene Sexualität auslösen und versagt Ihnen das Vergnügen, das entspannte Selbstbefriedigung bieten kann. Zudem verrät sie Ihnen nur wenig darüber, wie Sie auf die verschiedenen Arten der Berührung und Stimulation reagieren. Dieses Wissen kann aber eine große Hilfe sein, wenn Sie mit Ihrer Partnerin Sex haben.

Die folgende Übung sollten Sie versuchen, wenn Sie sie noch nicht kennen. Nehmen Sie ein entspanntes Bad, und waschen Sie sich, als ob Sie sich auf Sex vorbereiten würden. Verwandeln Sie sich dann in Ihre ideale Partnerin. Lieben Sie sich selbst, wobei Sie Ihren Gedanken, Phantasien und körperlichen Empfindungen freien Lauf lassen. Berühren Sie nicht nur Ihre Genitalien, sondern den ganzen Körper und bereiten Sie sich möglichst großes Vergnügen.

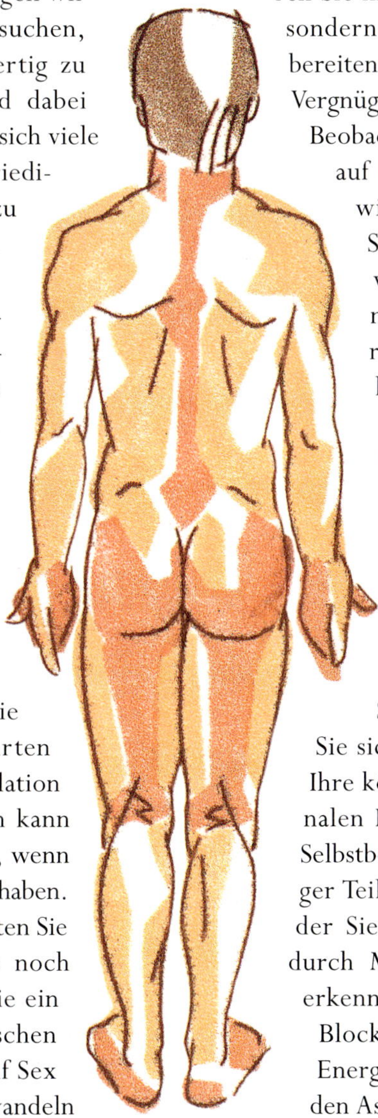

Beobachten Sie, wie Ihr Körper auf Berührung reagiert und wie Sie sich dabei fühlen. Stimulieren Sie sich immer weiter, und versuchen Sie, nicht zu rasch zu ejakulieren. Bringen Sie sich langsam zum Höhepunkt.

Meiden Sie bei dieser Übung externe Stimulation wie Zeitschriften oder Videos. Begeben Sie sich einfach auf eine Reise, bei der Sie Ihren Körper frei von Angst, Schuld und Scham entdecken. Lieben Sie sich selbst, und lernen Sie Ihre körperlichen und emotionalen Reaktionen kennen. Die Selbstbefriedigung ist ein wichtiger Teil der Selbsterfahrung, bei der Sie Ihr wahres inneres Ich durch Meditation und Einkehr erkennen können. Ziel ist es, Blockaden zu lösen, damit die Energie durch den Körper und den Astralleib fließen kann.

DIE EROGENEN ZONEN – HINTEN

Zu den erogenen Zonen am Rücken des Mannes zählen Nacken, Wirbelsäule, Pobacken und die Spalte zwischen den Backen, die Rückseite der Oberschenkel und die Kniekehlen.

Penisgrösse und -form

Da sich die Genitalien von Mann und Frau in Form, Größe und Aussehen ebenso unterscheiden wie ihre Träger, gibt es keine »perfekte« Penisgröße. Die Taoisten sagen, daß der perfekte Penis perfekt in die Scheide paßt. Einige Frauen haben eine lange Scheide, für die ein langer Penis wie gemacht ist, andere dagegen eine kurze, für die ein kurzer Penis geeigneter ist. Zwar kann sich die Scheide ausdehnen, doch ist bei der Penetration Vorsicht geboten. Dringt der Mann ein, bevor die Frau bereit ist, kann sie dabei Schaden nehmen. Wenn eine Frau bereit ist, öffnet sich ihre Vulva wie eine Blume, und Sie sollten sie so weit erregen, daß die Absonderungen aus ihrer Scheide zu einem natürlichen Gleitmittel werden.

Traditioneller Glaube

In den klassischen hinduistischen Texten *Kama Sutra* und *Ananga Ranga* werden Männer und Frauen nach Größe, Form und der Absonderung ihrer Genitalien eingeteilt. Die Merkmale sollen von einigen anderen körperlichen Attributen begleitet sein, wie dem Klang der Stimme, der Form der Hüfte oder Taille und den Bewegungen des Körpers.

Die Taoisten ziehen von der Form und Größe der weiblichen Hüften Rückschlüsse auf Form und Größe der Vagina. Ein Mann mit dicken Lippen hat einen dicken Penis, die Daumenform gibt Aufschluß über Form und Proportionen des Penis.

Nicht nur Frauen müssen die Unsicherheit über ihr Aussehen überwinden, sondern auch die Männer. Meist machen sie sich Gedanken über die Größe ihres Penis. Ich glaube, daß die Frauen sich nicht mehr über die Größe eines Penis lustig machen werden, wenn die Männer nicht mehr daran denken.

Penisübungen

Grundsätzlich muß sich ein Mann mit Größe und Form seines Penis zufrieden geben und anerkennen, daß er auf seine eigene Art perfekt ist, wenn er sich keiner teuren Operation unterziehen will. Doch auch wenn Größe und Form des Penis genetisch festgelegt sind, kann man manchmal mit gewissen einfachen Übungen leichte Verbesserungen erreichen.

Haben Sie einen »bleistiftförmigen« Penis mit breitem Schaft und schmaler, spitzer Eichel, können Sie die Eichel vergrößern. Drücken Sie den Penis aus, als ob Sie ihn »melken« wollten, damit das Blut in die Eichel strömt. Nach einiger Zeit und Übung sollte die Eichel größer und pilzförmiger werden. Ein pilzförmiger Penis verschafft der Frau größere Befriedigung, da die große Eichel die Innenwände der Vagina und den G-Punkt gründlich massiert und stimuliert.

Wenn Sie die Erektion stärken und größere Kontrolle über die Genitalmuskeln wünschen, sollten Sie mit dem Penis »Gewichtheben«. Hängen Sie einen kleinen

Waschlappen über den erigierten Penis, spannen Sie die Muskeln an und heben Sie den Penis. Mit zunehmender Stärke können Sie ein Handtuch oder sogar ein nasses Badetuch verwenden!

Bei einer anderen Übung drücken Sie den Schaft, bis er hart wird. Damit stimulieren Sie den Blutfluß in dem schwammigen Gewebe des Penis (siehe Seite 39), und die Erektion wird stärker.

Sie können auch die Muskeln im Beckenbodenbereich und in den Genitalien trainieren. Dafür spannen Sie die Muskeln in Oberschenkeln, Po und Bauch an, halten die Spannung möglichst lange und lassen dann los. Wiederholen Sie die Übung, sooft Sie können. Am Ende sollten Sie in der Lage sein, die Übung ungefähr fünf Minuten lang ohne Unterbrechung durchzuhalten.

Übungen für den Musculus pubococcygeus

Wenn Sie gelernt haben, den Musculus pubococcygeus zu steuern, werden Sie den Orgasmus von der Ejakulation trennen können. So können Sie Ihre wertvolle Yang-Energie bewahren und dennoch einen Orgasmus erleben, bei dem Sie und Ihre Partnerin neue Höhen der sexuellen Ekstase erreichen.

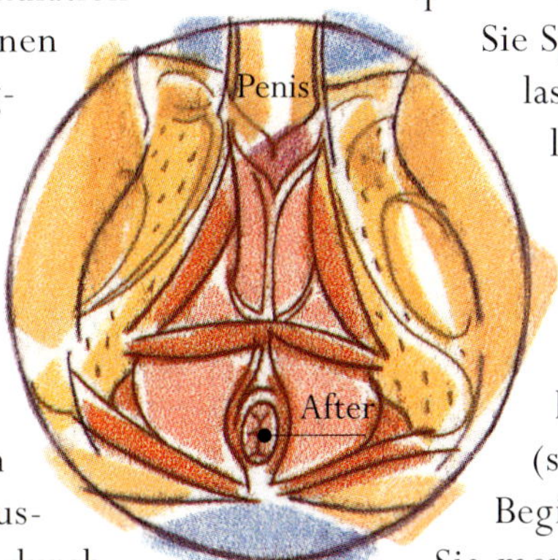

Wie alle Muskeln im Körper kann auch der Musculus pubococcygeus durch regelmäßige Übungen trainiert, gestärkt und vergrößert werden. Diese Übungen sind einfach und können zu jeder Zeit und an jedem Ort durchgeführt werden. Dabei wird der Muskel wiederholt rhythmisch angespannt und wieder entspannt. Beginnen Sie mit etwa 20 Kontraktionen am Tag in Ihrem Rhythmus, und steigern Sie langsam, bis Sie problemlos zweimal am Tag 75 Kontraktionen schaffen. Wenn Sie diese Übung besser beherrschen, sollten Sie Atemübungen hinzufügen. Atmen Sie ein, spannen Sie den Muskel an, halten Sie Spannung und Atem, und lassen Sie den Muskel völlig los, wenn Sie ausatmen.

Wenn Sie Kontrolle über den Musculus pubococcygeus haben, wird auch die Zurückhaltung besser gelingen (siehe Seite 46). Bald nach Beginn der Übungen werden Sie merken, daß Sie die Ejakulation hinauszögern können, wenn Sie den Muskel knapp vor dem Orgasmus anspannen. Mit etwas Anstrengung und Übung wird es Ihnen gelingen, einen Orgasmus ohne Ejakulation zu erleben.

Durch Kontraktion des Musculus pubococcygeus massieren und stimulieren Sie auch die Prostata. So verhindern Sie eine Stagnation und Verstopfung der Prostata, was für die Zurückhaltung unerläßlich ist.

Lage des Musculus pubococcygeus

Der Musculus pubococcygeus quert das Perineum, das bei Männern vom Ansatz der Hoden zum After verläuft. Diesen Muskel setzen Sie ein, wenn Sie den Urinfluß stoppen wollen. Spannen Sie den Muskel an, hört der Urinfluß auf, lassen Sie ihn los, beginnt der Urin wieder zu fließen.

Der Orgasmus beim Mann

Bei einem Mann ist der Orgasmus die dritte der vier Hauptstufen im Zyklus seiner sexuellen Reaktionen. Vor dem Orgasmus liegen Verlangen und Erregung (siehe Seite 39), danach folgt eine unterschiedlich lange Phase der Unempfindlichkeit. In dieser Phase kehren sich die Veränderungen, zu denen es während der Erregung und des Orgasmus kam, langsam wieder um, und der Körper kehrt in seinen Normalzustand zurück. Einige Männer schaffen in dieser Phase eine weitere Erektion, aber keine Ejakulation.

Orgasmus und Ejakulation

Obwohl Orgasmus und Ejakulation meist in einem Atemzug genannt werden, trennen sie Tantristen und Taoisten. Beide glauben, daß es für Männer und die meisten Frauen möglich ist, einen Orgasmus ohne Ejakulation zu erleben.

Bei den Männern dauert das Hochgefühl der Ejakulation, das sie mit einem Orgasmus assoziieren, nur einige Sekunden lang. Dieses Gefühl geht vor allem vom Genitalbereich aus und wird von geistiger und körperlicher Erschöpfung abgelöst, da der Körper die verlorenen Säfte ersetzen muß. Bei der Ejakulation (siehe Seite 39) schließt sich der Muskel am Blasenausgang, so daß kein Samen in die Blase eindringen kann. Der Samen wird durch den Harnleiter zur Spitze des Penis getrieben. Man schätzt, daß ein durchschnittlicher Mann in seinem Leben etwa 5 000mal ejakuliert und dabei je einen Teelöffel (5 ml) Samen ausstößt. Dieser Teelöffel Samen enthält bis zu 500 Millionen Spermien und wertvolle Nährstoffe wie Proteine und Zucker. Die Taoisten glauben, daß er auch Lebensenergie enthält und ein Mann, der den Samen zurückhält, glücklicher, besser und länger lebt.

Endloser Sex

Seit Tausenden von Jahren halten Männer den Samen zurück, um einen Orgasmus ohne Ejakulation zu erleben. Diese Praxis ist im Taoismus und Tantrismus weit verbreitet. Man braucht sich nicht davor zu fürchten, und gelingt die Zurückhaltung, sind die körperlichen, psychologischen, spirituellen und emotionellen Vorteile für beide Partner nicht zu unterschätzen.

Taoisten und tantrische Yogis entwikkelten die körperlichen und mentalen Techniken, um die Ejakulation zu kontrollieren und zu steuern (siehe Seite 46), die sexuelle Energie zu fördern und so höchste Ekstase zu erreichen.

Damit die Männer die Ejakulation erfolgreich steuern können, müssen die Frauen die psychologischen Aspekte verstehen. Mir brachte man bei, daß das Ziel des Geschlechtsverkehrs der Orgasmus und daß männlicher Orgasmus mit Ejakulation gleichzusetzen sei. Sein Samen war der Beweis, daß er mich liebte und daß ich eine gute Liebhaberin war. Anderenfalls meinte ich, daß ich versagt

hatte und meinen Liebhaber nicht genug stimulieren konnte.
Heute weiß ich, daß ich mit meinem Partner unendlich lange Sex haben kann, wenn er seinen Samen zurückhält. Das Ziel lautet nicht mehr, möglichst rasch an den Höhepunkt zu gelangen, sondern die sexuelle Energie zu fördern und zu steigern und durch den Körper fließen zu lassen. Wenn sie nicht durch die Ejakulation aus dem Körper entweicht, verteilt sie sich im Körper. Dieses Gefühl entspricht einem grenzenlosen Orgasmus, bei dem die Energien ausgetauscht werden. Mein Partner erhält mein Yin als Ausgleich zu seinem Yang, ich dagegen sein Yang. Jede Zelle unserer Körper vibriert vor sexueller Ekstase.

Zurückhalten des Samens

Das Zurückhalten des Samens oder die Kontrolle der Ejakulation beinhaltet nicht nur, die Ejakulation zu stoppen, obwohl dies ein bedeutender Aspekt ist. Vielmehr geht es darum, daß der Mann sein Jing, seine sexuelle Energie (siehe Seite 17) umwandelt und durch seinen Körper zirkulieren läßt, um ihn körperlich und geistig zu nähren. Wenn er die Energie spürt, die in seinem Körper fließt, kann er sie vom Genitalbereich über die Wirbelsäule nach oben lenken oder sie vorne im Körper nach unten drücken, damit sie beim Geschlechtsverkehr zwischen ihm und seiner Partnerin zirkulieren kann. Durch diesen Energiekreislauf werden Yin und Yang ausgetauscht und die Partner verschmelzen in perfekter Harmonie.

Ein weiterer Vorteil ist, daß der Mann seine sexuelle Identität erhält und stärkt, wenn er seinen Samen zurückhält und in den Körper zurückleitet. Dadurch wird er auf seine Partnerin eine längere und stärkere Anziehung ausüben und größere Intimität spüren. So wird das Vergnügen gesteigert, die körperliche Gesundheit wiederhergestellt und das geistige Wachstum gefördert. Aber man kann nur die Wirkung verstehen, wenn man sie kennt.

Wie ein Mann seine Ejakulation steuern sollte, hängt von Alter, Gesundheit und Lebensstil ab. Als Richtlinie multipliziert man das Alter mal zwei und dividiert das Ergebnis durch zehn. Sind Sie also 30 Jahre alt, so gilt: 30 x 2 : 10 = 6. Das entspricht der Mindestzahl an Tagen, die Sie zwischen den Ejakulationen verstreichen lassen sollten, um die Lebenskraft zu erhalten, ohne den Sex einzuschränken.

Wenn Sie Ihre eigene Energie und Ihre persönlichen Bedürfnisse besser spüren, werden Sie Ihren eigenen Rhythmus finden. Durch die Kontrolle der Ejakulation und die Steigerung der Energie wird Ihr Körper stärker und gefühlvoller. Zudem erfährt die Frau stärkere Befriedigung, wenn Sie den sexuellen Akt länger ausdehnen. Und es ist ein wichtiger Aspekt des Tao der Liebe, die sexuellen Bedürfnisse der Frau zu befriedigen.

Techniken der Zurückhaltung

Ein Mann kann mit verschiedenen Techniken und Praktiken seine Ejakulation kontrollieren, den Samen zurückhalten und die sexuelle Energie steigern. Sie können den Sex ausdehnen, da Sie die Ejakulation hinauszögern. Wenn Sie diese Technik beherrschen, können Sie viele langsame, angenehme Orgasmen haben, bei denen Energie, nicht der Samen fließt.

Diese einfachen Techniken der Zurückhaltung können nach den individuellen Bedürfnissen und Fähigkeiten alleine oder in Kombination angewendet werden. Wenn Sie aber ein Prostata-Problem haben, sollten Sie den Arzt konsultieren, bevor Sie eine der Techniken zur Zurückhaltung versuchen.

Atmen und Stossen

Einer der physiologischen Effekte der Ejakulation ist ein rascher Anstieg in der Herzfrequenz (siehe Seite 39). Wenn Sie den Herzschlag beim Sex möglichst normal halten können, werden Sie auch den Drang zu ejakulieren verzögern können.

Man kann den Herzschlag steuern, wenn man beim Sex tief und rhythmisch atmet. So verhindern Sie, daß die Begeisterung Sie mitreißt. Die Atmung (siehe Seite 54) wird noch wirksamer bei der Zurückhaltung, wenn Sie gleichzeitig das *Mula bandha,* den »Wurzelverschluß« anwenden. Diese Atemtechnik umfaßt die Kontraktion des Afterschließmuskels (siehe Seite 55).

Die Atemtechnik wird noch wirksamer, wenn Sie gleichzeitig auch Ihre Stöße kontrollieren. Es ist eine Tatsache, daß die Zahl und die Tiefe der Stöße steigt, wenn sich der Zeitpunkt der Ejakulation nähert. Wenn Sie fühlen, daß Sie ejakulieren müssen, sollten Sie flach und langsam stoßen. Das hat den zusätzlichen Vorteil, daß vor allem die relativ unempfindliche Oberfläche des Penis bei Ihren Bewegungen reibt. Dadurch bleibt der Penis mit der hochempfindlichen Klitoris Ihrer Partnerin in Kontakt, wodurch sie stärker stimuliert wird, während Ihre Erregung langsam absinkt.

Wenn Sie mit dieser Technik nicht das Bedürfnis nach einer Ejakulation mindern können, sollten Sie sich zu einem Teil oder ganz zurückziehen, bis Sie sich etwas beruhigt haben. Stimulieren Sie Ihre Partnerin weiterhin mit den Fingern, bis Sie wieder in sie eindringen können.

Die Drucktechnik

Eine traditionelle taoistische Methode, die Ejakulation zu kontrollieren, ist die Kontraktion der Genitalmuskeln (siehe Seite 43). Wenn Sie dies nicht beherrschen, können Sie mit dem Zeige- und Mittelfinger einer Hand auf einen Punkt auf dem Perineum drücken, der in der Mitte zwischen After und Skrotum liegt (Sie sollten wissen, wo sich der Punkt befindet, bevor Sie die Technik anwenden). So kann der Samen nicht aus der Prostata austreten.

III

Yoga

YOGA

Das Wort Yoga stammt aus dem Sanskrit und bedeutet »Anspannung« oder »Anjochung«, also die Verbindung des Menschen mit dem reinen Bewußtsein, mit Gott. Hatha Yoga, das Yoga des physischen Körpers, ist eine Lehre mit Tausenden von verschiedenen Asanas *(Positionen). Diese Positionen sind von der Natur inspiriert und sollen Körper und Geist gesund halten. Energien sollen frei und effizient fließen.*

Die meisten Menschen, denen ich Yoga-Unterricht gebe, sind überrascht, wieviel sie in kurzer Zeit erreichen und wie wohl sie sich schon bald fühlen. Die Ursache liegt darin, daß die meisten Menschen sehr viel sitzen und wenig Bewegung haben. Wir nehmen unseren Körper und seine Funktionen als gegeben hin. Solange alles funktioniert, denken wir nicht daran, etwas zu verbessern. Doch sobald wir beginnen, regelmäßig Bewegung zu haben, merken wir rasch, wie gut uns dies tut.

Für gewöhnlich nehmen wir uns nicht die Zeit, Geist und Körper mit Respekt zu behandeln. Doch auch wenn wir uns am Ende (oder Anfang) eines Arbeitstages sehr abgespannt fühlen, werden einfache Yoga-Übungen, wie etwa die Atemübungen, oder manche Positionen dennoch dazu beitragen, unsere Gesundheit und Fitneß zu steigern.

BEWEGUNG

Damit Körper und Geist voll funktionsfähig sind und nicht durch Anspannung und Streß beeinträchtigt werden, müssen wir sie trainieren. Jede Art von bewußter körperlicher Bewegung trägt zu einem besseren Verständnis des Körpers bei. Nur so können Sie erfahren, was der Körper braucht, um sein volles Potential auszuschöpfen. Durch regelmäßigen Sport übernehmen Sie Verantwortung für den Körper. Es ist nie zu spät zu beginnen! Yoga und Atemtechniken bieten dazu eine wunderbare Gelegenheit.

»Wenn der Geist in sich selbst ruht, ist dies Befreiung.«

SWAMI SVATMARAMA

DIE VORTEILE VON YOGA

Yoga dehnt nicht nur die Muskeln und stärkt das Knochengerüst, es massiert und stärkt auch die inneren Organe. Mit Yoga werden die Sinne und der ganze Körper angesprochen, und man lernt, die Gedanken von den Gefühlen zu trennen. Wenn man bei den Yoga-Übungen die Augen schließt, kann man sich auf sein Bewußtsein und den Energiefluß konzentrieren und den Körper von innen »fühlen«. Wenn man dies richtig beherrscht, kann man die Energie des Atems in alle Teile der Körpers lenken und sofort körperliches und geistiges Wohlbefinden fühlen. Wir können die Energie mit unseren Gedanken leiten.

Yoga-Übungen

Auch ich war einst der Meinung, daß die Disziplin, die nötig ist, um Körper und Geist auf die neuen Höhen der sexuellen Ekstase vorzubereiten, unmöglich aufrecht zu erhalten ist und daß man es somit gar nicht erst versuchen sollte. Denken Sie jedoch nicht an die Disziplin, denken Sie daran, daß Sie sich die Zeit nehmen, Ihre Lebensqualität zu steigern, da Sie sich das wert sind und es verdienen. Wenn die Lebensqualität höher wird, so wird Ihr gesamtes Leben ganz automatisch besser werden.

Allen, die noch nie Yoga gemacht haben, lege ich ans Herz, zumindest einige Stunden eines guten Kurses zu besuchen und die Positionen richtig zu lernen. Danach kann man zu Hause mit Büchern oder Videobändern weiterüben, und es ist nicht mehr nötig, Kurse zu besuchen.

Setzen Sie sich anfangs das Ziel, eine Position zumindest drei Minuten am Tag zu üben – das ist die durchschnittliche Länge einer Werbepause im Fernsehen. Sie werden sofort eine Veränderung bemerken und schon bald sehr gerne mehr Zeit für Yoga aufwenden.

Doch auch wenn Sie dieses Kapitel nur lesen, hoffe ich, daß Sie danach Ihren Körper, Ihre Körperhaltung und Ihre Atmung bewußter erfahren werden. Überlegen Sie zum Beispiel, wie Sie in diesem Moment atmen und welche Haltung Sie einnehmen. Strecken Sie nun die Wirbelsäule, und atmen Sie tief durch die Nase ein. Atmen Sie dann wieder aus, und spüren Sie, wie gut Sie sich fühlen. Diese einfachen Tricks, die zu den grundlegenden Yoga-Übungen zählen, sind eine wertvolle Hilfe, um das Wohlbefinden sofort zu steigern.

Yoga und Sex

Yoga-Positionen sind eine sehr gute Vorbereitung auf mehrere Sexstellungen, vor allem die fortgeschritteneren (siehe Seite 132). Wenn Sex bewußt heilen soll oder Teil eines Rituals oder einer Zeremonie ist, so muß der Körper vital und geschmeidig, der Geist klar und rege sein. Sex kann nur zu Ekstase führen, wenn wir geistig, seelisch und körperlich voll bei der Sache sind. Yoga und Atemtechniken sind eine ideale Vorbereitung auf tantrischen Sex oder taoistische heilende Stellungen (siehe Seite 140), da sie Geist und Körper trainieren und uns die Fähigkeit vermitteln, in den Körper zu horchen.

Ernährung

Es heißt aus gutem Grund, daß wir sind, was wir essen. Unser Körper besteht aus Proteinen, Mineralien und anderen Nährstoffen, die wir ihm neben Energie durch die Nahrung zuführen. Deshalb hat die Qualität unserer Ernährung direkte Auswirkungen auf unser körperliches und seelisches Wohlbefinden sowie auf die Qualität und Quantität an Energie, wie die Yogis meinen. Auch die sexuelle Energie hängt von der Ernährung ab.

Die meisten Menschen leben in einer toxischen Umgebung, in der das Wasser aufbereitet, die Luft verschmutzt und viele Speisen mit chemischen Zusätzen angereichert sind oder Spuren von Pestiziden, Herbiziden und Düngemitteln enthalten. Doch müssen wir essen und trinken, um zu leben. Wohnt man also nicht auf einem Berg, trinkt frisches Quellwasser, ißt biologische Nahrung und hat frisches Fleisch oder frischen Fisch, muß man die Speisen sorgfältig wählen, um gesund zu bleiben.

Wenn man die Ernährung nach den yogischen Prinzipien umstellt, kann man die Lebensqualität steigern und auch bewußt nachvollziehen, woher die Speisen kommen und welche Wirkung sie auf Körper, Geist und Seele haben.

Energie und Harmonie

Da alle Menschen biochemisch unterschiedlich aufgebaut sind und verschiedenen Einflüssen aus Umwelt und Leben unterworfen sind, ist es schwierig, Standardregeln über Ernährung aufzustellen, denn jeder Mensch hat andere Bedürfnisse und Ziele. Frische, natürliche, gesunde Speisen und Getränke, die Körper und Seele nähren, sind aber immer gut. Man sollte auch wissen, wie und wo sie produziert wurden. Gesunde Ernährung kehrt das Prinzip der Gourmets »leben, um zu essen, nicht essen, um zu leben« um. Doch auch gesunde Ernährung muß nicht langweilig sein. Der Schlüssel ist eine ausgeglichene Ernährung, die den Körper harmonisch und vital macht.

In der orientalischen Medizin und den yogischen Texten wird der Ernährung derselbe Stellenwert eingeräumt wie äußerer und innerer Übung. Wie wir die Speisen nach ihrem Geschmack in süß, sauer, bitter und salzig einteilen, so waren für die alten Chinesen alle Nahrungsmittel Yin oder Yang. Und nach den yogischen Texten vibrieren Speisen wie alle Dinge. Die Schwingungen entsprechen der Energie, in die sich die Speisen verwandeln, wenn man sie ißt. Diese drei Qualitäten werden als die drei *Gunas* bezeichnet.

Die drei Gunas

Die Gunas *Sattva, Rajas* und *Tamas* entsprechen den drei Energiekategorien in dem unsichtbaren Universum. Wie Yin und Yang des Taoismus stehen sie in Harmonie und Ausgleich zueinander. Sattva steht für die Reinheit, Rajas für die Leidenschaft und Tamas für die Trägheit.

Wenn die Energie eine Form annimmt, dominiert eines der drei Gunas. Auch bei jedem Menschen dominiert ein Guna, und sein Wesen spiegelt sich in den Gedanken, Handlungen und Gefühlen wider.

Versuchen Sie die Schwingungen der Speisen und Getränke zu spüren, die Sie zu sich nehmen. Dann werden Sie auch in der Lage sein, die körperlichen und seelischen Auswirkungen dieser Nahrungsmittel zu fühlen und zu wissen, was Sie brauchen.

Vergessen Sie nie, daß Harmonie der Schlüssel ist. Nicht nur Ausgleich bei den Nährstoffen, sondern auch bei den Gunas, bei Yin und Yang. Wenn Sie diese Harmonie erreichen, werden der physische und der spirituelle Körper perfekt arbeiten.

Sattvische Nahrung

Zu den sattvischen Speisen zählen Getreide, frisches Obst und Gemüse, Milch, Butter, Käse, Nüsse, Samen und Honig. Sie werden von den Yogis als reinste Form der Ernährung betrachtet.

Zubereitung der Speisen

Nicht nur die Energie der Nahrung ist von Bedeutung, sondern auch der Geist, in dem sie zubereitet wird, und die Energie, mit der sie gegessen wird. (Ein gelungenes Beispiel dafür ist der wunderbare Film *Bittersüße Schokolade*, in dem die Gefühle eines Mädchens in die Speisen übergehen, die es kocht, und alle, die davon essen, dasselbe fühlen wie es selbst.)

Da wir so viele Fertiggerichte essen, die hübsch in feuerfesten Wegwerfbehältern verpackt sind, haben wir sehr wenig Kontakt mit den Speisen. Nur zu oft wollen wir rasch den Hunger stillen, wenn wir essen. Unser hektisches Leben scheint auch folgende Aussage widerzuspiegeln: »Ja, aber wir haben einfach nicht die Zeit, uns um Struktur, Farbe und Herkunft der Nahrungsmittel zu kümmern.« Das ist ein Fehler. Wir sollten die Speisen ehren, da sie »Leben geben, um Leben zu erhalten«. Und wir sollten bei der Zubereitung der Speisen positive Energie einfließen lassen, indem wir etwa singen.

Rajas-Nahrung
Zu dieser Gruppe der Nahrungsmittel zählen Wurzelgemüse, scharfe, würzige Speisen, Fisch, Salz und Aufputschmittel wie Tee und Kaffee.

Tamas-Nahrung
Fleisch, Zwiebeln, Knoblauch, Chili, Eier und panierte und fermentierte Speisen, die ebenso als Tamas gelten wie Alkohol und Tabak.

Essen

In vielen Kulturen ist es üblich, vor dem Essen zu beten oder die Speisen zu segnen. Das ist eine Möglichkeit, um Dank zu sagen. Bevor ich zu essen beginne, schließe ich einen Moment lang die Augen, atme tief ein und spreche still oder laut: »Ich esse in Klarheit« oder »Ich esse in Liebe« und benenne die Energie, mit der ich die Speisen aufladen möchte. Durch diese einfache Geste esse ich bewußter und genieße die Speisen mit allen meinen Sinnen.

Ißt man, wenn man durcheinander ist oder sich nicht wohl fühlt, so hat dies negative Auswirkungen auf den Körper. Versuchen Sie, sich vor dem Essen zu beruhigen, alle unangenehmen oder negativen Gedanken abzuschalten und das Mahl in möglichst ruhiger Umgebung zu genießen. Machen Sie sich bewußt, welche Qualität die Speisen haben, woher sie kommen und wie Sie sie gesegnet haben. Körper, Geist und Seele werden es Ihnen danken!

Atmung

Atem ist Leben, und wir können ohne Luft nicht existieren. Ein Mensch macht durchschnittlich 20 000 Atemzüge an einem Tag. Der Atem ist nicht nur für unser körperliches, sondern auch für unser spirituelles Wohlbefinden von Bedeutung. Durch die richtige Atmung kann man Toxine freisetzen, den Körper reinigen und das Bewußtsein verändern.

Achten Sie darauf, wie Sie atmen, wenn Sie dieses Kapitel lesen. Überleben Sie, ob Sie flach oder tief atmen und wo in der Brust Sie die Atemzüge spüren. Atmen Sie durch Nase oder Mund? Spiegelt die Atmung Ihren seelischen Zustand wider?

Die meisten Menschen atmen nicht richtig. Wir atmen flach und unregelmäßig durch den Mund ein und benutzen nur den oberen Bereich der Lunge. Da wir so zu wenig Sauerstoff aufnehmen, sinkt unsere Körperenergie ab, es können sich Toxine im Körper sammeln, und unser Immunsystem wird für Krankheiten empfänglicher.

Durchschnittlich kann die Lunge mehr als drei Liter Luft aufnehmen, doch setzen die meisten Menschen weniger als ein Drittel ihrer Lungenkapazität ein, wenn sie normal atmen.

Atemtechniken

Wenn wir tief und voll atmen, versorgen wir das Blut mit Sauerstoff und nehmen mehr Lebensenergie oder Prana aus der Atmosphäre auf (siehe Seite 16). Die Atmung ist in einigen östlichen Kulturen so wichtig, daß sich sogar eine eigene Yoga-Richtung, Pranayama-Yoga, nur mit Atemkontrolle und Atemübungen beschäftigt. Atemkontrolle ist unerläßlich, wenn man tantrische und taoistische Liebestechniken beherrschen möchte. Man kann nicht genug betonen, wie wichtig die richtige Atmung beim Sex ist.

Die zahlreichen Atemtechniken der Yogis lösen unterschiedliche Reaktionen in Geist und Körper aus. Mit der Atmung kann der Geist durch Kontrolle des Prana (siehe Seite 16) gelenkt werden. Bei den Yoga-Übungen kann die Atmung bei der Meditation die Konzentration beeinflussen und die Energie im Körper steuern.

Die richtige Atmung beginnt mit der richtigen Haltung. Beim Sitzen, Stehen oder Liegen sollten die Wirbelsäule gerade und die Schultern entspannt sein und Hals und Kopf eine gerade Linie bilden. Atmen Sie bewußt durch die Nase ein und aus. So nehmen Sie möglichst viel Prana auf, und die Luft wird gewärmt und gefiltert, bevor sie die Lungen erreicht.

Vollständige Atmung

Die einfachste Atemübung ist die »vollständige« oder »heilende Atmung«. Am Anfang wird Ihnen diese Atemtechnik ungewöhnlich vorkommen, doch versuchen Sie damit nur, dem Körper wieder beizubringen, wie er als Baby atmete.

Bei dieser Technik wird die Atmung in drei Teile geteilt: Einatmen, Luft anhalten und Ausatmen in einem Verhältnis von 1:4:2. Man atmet ein, zählt bis 1, hält die Luft an, zählt bis 4, atmet aus und zählt bis 2. Am besten fühlt man die Wirkung der vollständigen Atmung, wenn man bequem und entspannt auf dem Rücken auf dem Boden liegt. Legen Sie die linke Hand flach auf das Herz und die rechte Hand auf den Nabel. Schließen Sie Mund und Augen.

Beginnen Sie nun, die verbrauchte Luft durch die Nase auszustoßen. Atmen Sie dann ein, und stellen Sie sich vor, wie der Atem von der Nase tief in den Bauch fließt und sich der Bauch mit Luft füllt. Wenn sich die Bauchdecke hebt, wird das Zwerchfell nach unten gedrückt und massiert die Organe im Bauchbereich. Ziehen Sie beim Ausatmen den Bauch ein, und leeren Sie erst danach die Lunge. Wenn sich der Bauch zusammenzieht, wird das Zwerchfell nach oben gedrückt und massiert das Herz.

Bandhas

Die *bandhas* sind wichtige Instrumente, um das Prana zu kontrollieren, das sich bei den Atemübungen im Körper gesammelt hat. Diese Yoga-Stellungen, bei denen die Muskeln zusammengezogen werden, werden gemeinsam mit den Atemübungen durchgeführt. Es gibt drei Gundstellungen, die Sie in Ihre Übungen einfließen lassen können, sobald Sie die Atemtechnik gut beherrschen.

Das *Mula bandha* verhindert, daß Apana (eine der Lebensenergien) aus dem Unterleib fließt. Es stimuliert das Wurzelchakra und hilft bei der Zurückhaltung des Samens (siehe Seite 46). Man kann Mula bandha üben, indem man den Afterschließmuskel und die Bauchmuskeln anzieht, während man die Luft anhält.

Das *Jalandhara bandha* engt die Atemwege ein, damit das Prana nicht aus dem Oberkörper fließen kann. Man übt dieses Bandha, indem man das Kinn fest gegen die dreieckige Vertiefung hinter dem Schlüsselbein drückt, während man die Luft anhält. Halten Sie diese Stellung möglichst lange, atmen Sie dann aus, während Sie das Bandha lösen und den Kopf heben.

Die dritte der drei Grundstellungen ist das *Uddiyana bandha*. Diese Stellung stärkt die Lunge und gleicht verschiedene Elemente im Körper aus. Man atmet dafür vollständig aus und zieht dann den Bauch nach oben und gegen die Wirbelsäule zurück. Halten Sie diese Stellung möglichst lange, ohne einzuatmen, und entspannen Sie beim Einatmen die Bauchmuskeln.

Alternierende Atmung

Diese Übung hilft, die linke und die rechte Gehirnhälfte, das Zentralnervensystem und die Bahnen des Astralleibs zu harmonisieren. Die Übung besteht aus sechs Schritten, und die Atmung wird in drei Phasen geteilt: Einatmen, Luft anhalten und Ausatmen. Das Verhältnis zwischen den Phasen beträgt 1:4:2. Atmen Sie auf 1 ein, halten Sie die Luft auf 4 an und atmen Sie auf 2 aus. Machen Sie anfangs die Übung dreimal, und steigern Sie, bis Sie mindestens 20 Zyklen ohne Probleme schaffen. Diese Übung eignet sich wunderbar, um den Tag zu beginnen, wenn Sie mehr Energie benötigen oder bevor Sie Yoga machen wollen.

1 Auf eine Stuhlkante oder mit überkreuzten Beinen auf den Boden setzen, die Wirbelsäule gerade halten, die Schultern entspannen und Hals und Kopf in einer geraden Linie halten. Die Augen schließen oder auf die Nasenspitze blicken. Den Mittel- und Zeigefinger der rechten Hand zwischen die Augenbrauen legen.

2 Das linke Nasenloch mit Ringfinger und kleinem Finger schließen. Durch das rechte Nasenloch einatmen, mit dem Daumen verschließen und die Luft anhalten.

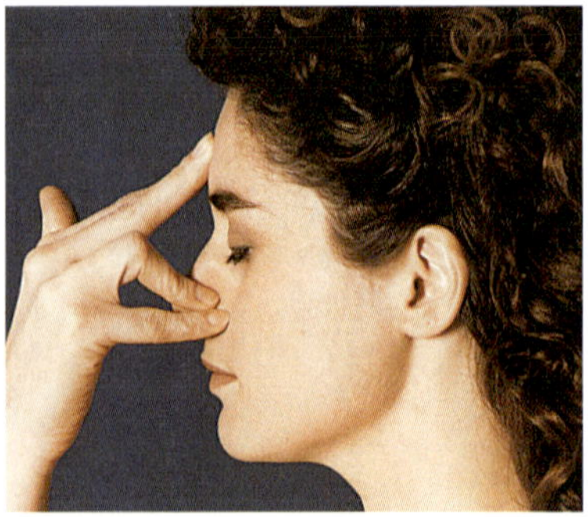

3 Durch das linke Nasenloch ausatmen, das rechte Loch geschlossen halten und durch das linke Nasenloch einatmen. Beide Löcher schließen und die Luft anhalten.

Feueratem

Im Pranayama-Yoga wird diese Übung zur Reinigung verwendet. Dabei wird mittels rascher Zwerchfellatmung (die man nicht mit dem Hyperventilieren verwechseln darf) die Sauerstoffaufnahme gesteigert und so der Körper von Toxinen gereinigt. Diese Übung kräftigt Herz, Bauch und Leber und ordnet den Geist. Zudem stärkt sie das Solarplexuschakra (siehe Seite 18) und stimuliert Kundalini (siehe Seite 20). Man macht die Übung anfangs 20 bis 50mal und hält Schultern und Brust nach Möglichkeit ganz ruhig, damit die Luft ungehindert bis tief in den Bauch vordringen kann.

Atmen Sie rasch, hörbar und aktiv aus und lang, ruhig und passiv ein. Lenken Sie am Ende der Übung die Energie nach innen, und legen Sie sich in der Totenstellung auf den Rücken (siehe Seite 61). So können Sie entspannen und den Geist beruhigen. Wenn Sie auf dem Rücken liegen, sollten Sie tief ein- und ausatmen: Atmen Sie ein, halten Sie die Luft möglichst lange an und atmen Sie dann langsam aus.

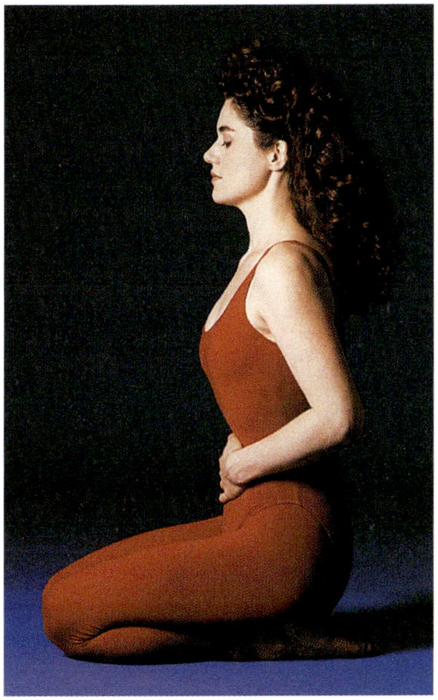

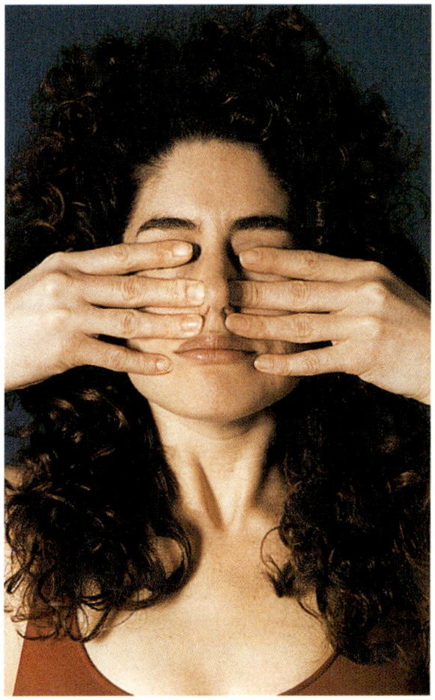

1 Zwei vollständige Atemzüge machen (siehe Seite 55), dann nochmals tief einatmen, doch nur zu zwei Dritteln ausatmen. Nun die Bauchmuskeln schnell anziehen, so daß die Luft, die im Körper verblieben ist, rasch und hörbar durch die Nase entweicht.

2 Die Muskeln entspannen und ein Viertel Luft einatmen, dann die Bauchmuskeln wieder anspannen und ausatmen. Diese Übung rasch in Ihrem eigenen Tempo fortsetzen und sich auf das Ausatmen konzentrieren. Man atmet automatisch ein, wenn sich die Muskeln entspannen.

3 Die Sinne fest mit den Fingern verschließen, um sich auf das Innere des Körpers zu konzentrieren. Die Ohren mit den Daumen schließen, die Finger auf Augen, Nasenlöcher und Lippen legen. Einatmen, die Luft anhalten, ausatmen, die Hände senken und entspannen.

Körperliche Fitness

Gleichgültig, warum Sie Hatha Yoga, das Yoga des physischen Körpers, machen, Sie werden merken, daß die Übungen Ihr Leben auf vielfältige Weise beeinflussen. Bei Yoga gibt es keinen Wettkampf, und es werden keine Grenzen durch Alter, Gewicht oder Fitneß gesetzt.

Die Yoga-Positionen (Asanas) helfen in Kombination mit den Atemübungen (Pranayama), Körper und Geist auf physischer und metaphysischer Ebene zu stärken. Durch die Asanas werden die Muskeln gedehnt und geformt, die Wirbelsäule und das Knochengerüst trainiert und die inneren Organe, die Drüsen und das Nervensystem mit Energie versorgt.

Yoga verjüngt und steigert die Vitalität. Die Übungen lösen geistige und körperliche Anspannung. Durch sie erleben wir unseren Körper bewußter, und sie geben uns das Gefühl, den Körper von innen spüren zu können.

Meditation
Yoga ist in Verbindung mit Meditation wunderbar geeignet, den Körper fit zu halten und Streß abzubauen.

Der physische Körper spiegelt auf vielerlei Weise den geistigen Zustand eines Menschen wider. Die meisten Menschen stehen unter Streß, und Streß führt zu Verspannungen im Körper. Verspannte Muskeln beeinträchtigen die Bewegungsfreiheit und schließlich unseren Geist. Wir erwarten ganz einfach, daß Geist und Körper perfekt wie Maschinen funktionieren, und beklagen uns, wenn dies nicht der Fall ist. Doch sollten wir nie vergessen, daß der Körper keine Maschine, sondern ein lebender Organismus ist, der das Leben schöner machen kann, wenn man ihn gut pflegt.

Wenn man täglich Yoga macht, so wird sich nicht nur das Leben, sondern auch die Beziehung zu Körper, Geist und Astralleib verändern. Auf den folgenden Seiten finden Sie Yoga-Positionen und abgeänderte Versionen mancher Übungen. Machen Sie anfangs täglich ein oder zwei Übungen, die Ihnen gefallen. Einige Positionen werden Ihnen schwerer fallen als andere, doch mit zunehmender Übung werden sie einfacher.

Ich mache Yoga nackt, da die Lebensenergie besser fließt und man den Atem auf der Haut spüren kann. Zudem kann man die Schönheit des Körpers bewundern. Für mich ist Yoga wie Sex mit mir.

Tips für Yoga

Yoga wirkt besonders gut am frühen Morgen oder am frühen Abend. Allerdings empfehle ich allen Anfängern, Yoga am Morgen zu üben.

Beginnen Sie Ihren Tag, indem Sie etwa drei Minuten lange eine Position und einige Atemübungen (siehe Seite 55) machen. Der Unterschied, den Sie merken, wird so groß sein, daß Sie bald gerne mehr Zeit aufwenden und weitere Positionen üben werden, bis Yoga schließlich zu einem Teil Ihres täglichen Lebens wird. Doch reichen bereits drei Minuten, um eine Veränderung im Leben zu spüren.

Man sollte Yoga möglichst mit leerem Magen machen. Auch das ist ein Grund, warum sich der Morgen besonders gut eignet. Wollen Sie aber einen anderen Zeitpunkt wählen, sollten Sie zwei Stunden vor den Übungen nichts essen.

Atmung

Wenn Sie Yoga machen, sollten Sie nicht mit sich selbst kämpfen. Lassen Sie den Körper los, und geben Sie sich vollständig den Positionen hin. Der Atem wird den Anfang machen, und der Körper wird ihm folgen. Wenn in den Übungen nicht anders angegeben, sollten Sie immer durch die Nase ein- und ausatmen und die Zungenspitze oben auf den Gaumen legen. Wie die Atmung in drei Phasen verläuft (Einatmen, Luft anhalten, Ausatmen), so hat auch jede Position drei Stufen: Einrichten, Halten, Auslassen. Alle drei Stufen müssen richtig durchgeführt werden, wenn man die Position korrekt machen möchte. Das ist vor allem der Fall, wenn Sie alleine, ohne Lehrer, Yoga üben.

Yoga für zwei Personen

Es kann besonders aufregend und lehrreich sein, die verschiedenen Positionen mit dem Partner zu üben, wenn beide ganz nackt sind. Das ist eine tolle Möglichkeit, den eigenen Körper und den des Partners zu erforschen, den Atem auf der Haut zu spüren und engen Hautkontakt mit dem Partner zu genießen.

Nach den Übungen sollten Sie sich nebeneinander legen und dem Partner eine Hand auf die Genitalien legen. Atmen Sie gemeinsam, und fühlen Sie, wie sich die Energien verbinden.

Vorsicht

Bevor Sie Yoga-Übungen machen, sollten Sie einen Arzt oder qualifizierten Yoga-Lehrer um Rat fragen, wenn Sie an einer Erkrankung des Herzens, des Nervensystems, der Wirbelsäule, des Nackens oder der Knochen leiden, wenn Sie schwanger sind, vor kurzem verletzt waren oder operiert wurden. Da bei einigen Positionen die Organe bewegt werden, sollten sich Frauen, die eine Spirale verwenden, regelmäßig untersuchen lassen, um sicherzugehen, daß sie nicht verrutscht ist. Während der Menstruation ist von den Umkehrübungen abzuraten.

Der Liegende Schneider

In dieser Position kann man sich vorstellen, wie die Energie des Atems in die Genitalien fließt. Atmen Sie durch die Nase ein und aus, und fühlen Sie beim Einatmen, wie die Luft von der Wirbelsäule bis in den Kopf steigt. Halten Sie die Luft dort, und fühlen Sie beim Ausatmen, wie die Energie vorne im Körper nach unten und durch die Genitalien ausströmt. Atmen Sie langsam. Schließen Sie die Knie dann ganz langsam und halten Sie einen Moment an, wenn die Oberschenkel innen zu vibrieren beginnen. Strecken Sie danach die Beine auf dem Boden aus.

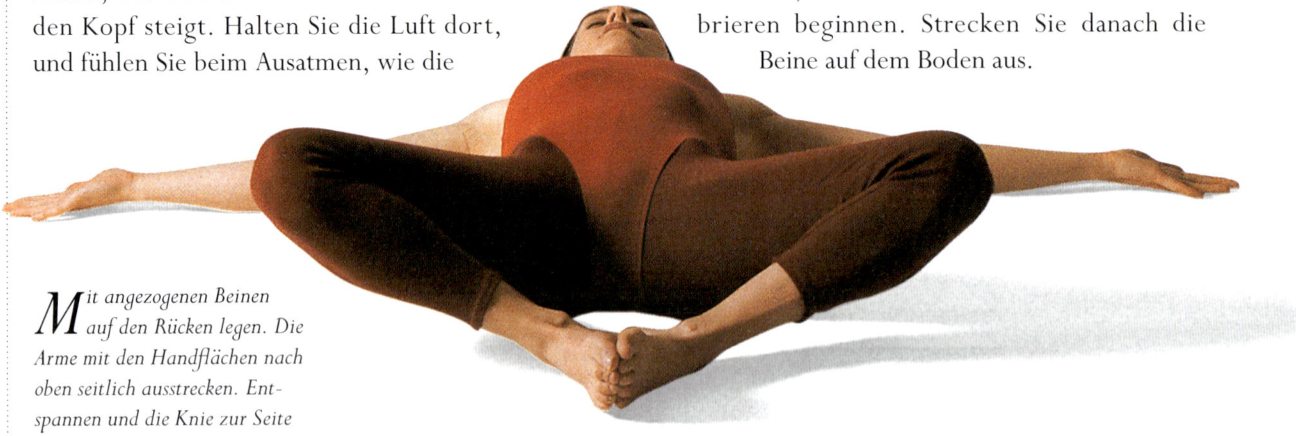

Mit angezogenen Beinen auf den Rücken legen. Die Arme mit den Handflächen nach oben seitlich ausstrecken. Entspannen und die Knie zur Seite fallen lassen.

Variation des Liegenden Schneiders

Bei dieser Version des Liegenden Schneiders schließt man die Knie beim Einatmen und öffnet sie beim Ausatmen. Möchte man die Position beenden, schließt man die Knie ganz langsam und verharrt möglichst lange an dem Punkt, wo sie zu zittern beginnen. Danach die Beine auf dem Boden ausstrecken.

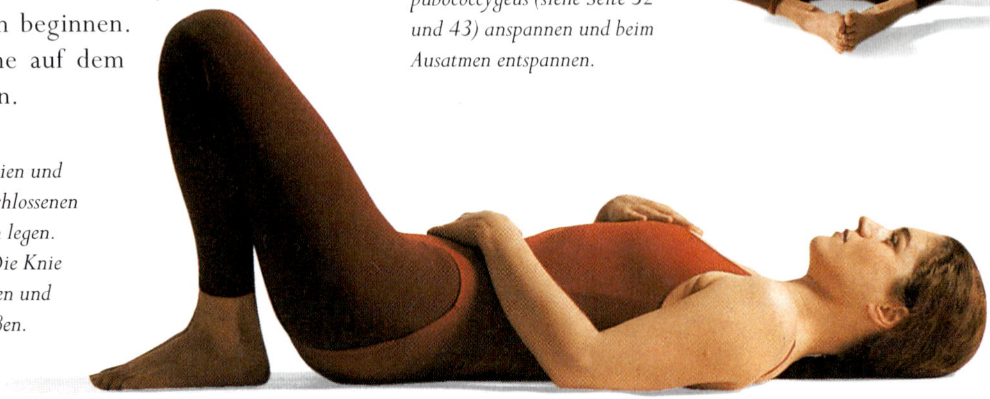

1 *Mit gebeugten Knien und angezogenen, geschlossenen Beinen auf den Rücken legen. Das Kinn einziehen. Die Knie auseinanderfallen lassen und langsam wieder schließen. Dabei tief durch den Mund einatmen.*

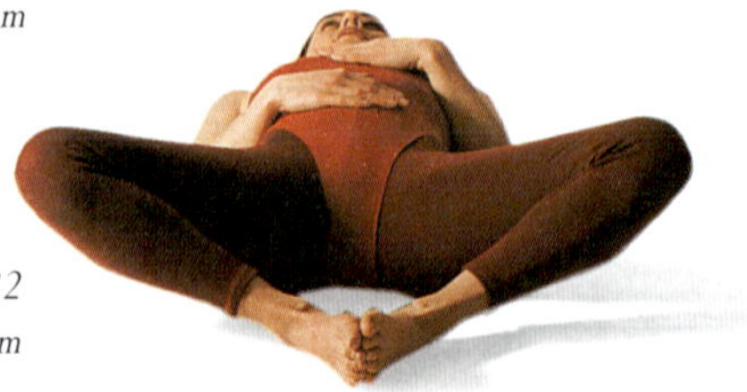

2 *Die Knie wieder langsam öffnen und durch den Mund ausatmen. Dabei nach Möglichkeit beim Einatmen den Musculus pubococcygeus (siehe Seite 32 und 43) anspannen und beim Ausatmen entspannen.*

Der Schneider

Diese Position macht Sprung- und Kniegelenke sowie die Hüften gelenkiger. Es ist wichtig, daß man dabei die Wirbelsäule gerade hält. Fällt Ihnen dies schwer, sollten Sie sich auf den Rand eines Kissens setzen. Der Schneider ist eine gute Aufwärmübung für Sitzpositionen wie den Lotos und für Atemübungen.

Mit gerader Wirbelsäule auf den Boden setzen, Schultern entspannen, Knie beugen und die Fußsohlen aneinander legen. Die Füße mit den Händen umfassen und die Knie wie Schmetterlingsflügel sanft auf und ab bewegen.

Die Totenstellung

Diese Entspannungsübung sieht einfach aus, doch ist es wichtig, sie sorgfältig zu beginnen und zu beenden. Man macht diese Übung zur Entspannung des Körpers zwischen anderen Positionen. Wenn Sie die Übung beenden, sollten Sie zur Seite rollen und sich mit den Armen langsam aufrichten.

1 Mit leicht geöffneten Beinen auf den Rücken legen und die Arme nach außen drehen, so daß die Handflächen nach oben weisen.

2 Vom Becken ausgehend die Beine nach innen und außen kreisen dann zur Seite fallen lassen.

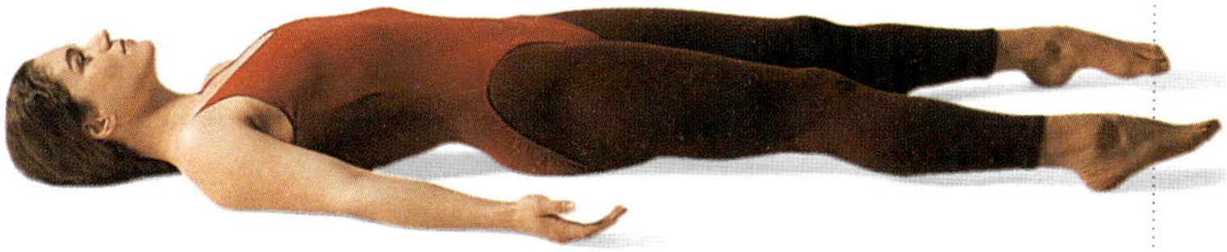

3 Die Pobacken anspannen und die Arme von den Schultern ausgehend kreisen, dann mit den Handflächen nach oben ruhen lassen.

Die Schulterbrücke

Mit dieser Position läßt sich die Energie am Ansatz der Wirbelsäule wunderbar aktivieren. Je mehr Energie mit zunehmender Übung freigesetzt wird, desto mehr gleicht diese Position einem Orgasmus. Danach in der Totenstellung (siehe Seite 61) entspannen.

1 Mit angezogenen Knien und Füßen flach auf dem Boden auf ein Kissen legen.

2 Einatmen, das Becken heben, hörbar ausatmen und das Becken wieder auf das Kissen fallen lassen. Mehrmals wiederholen.

Die Kopf-Knie-Stellung

Mit dieser Übung massiert man die Bauchorgane und streckt und dehnt die Wirbelsäule. Lassen Sie erst das linke, dann das rechte Bein ausgestreckt. Zum Beenden der Übung einatmen, die Hände langsam über die Beine gleiten lassen und die Wirbelsäule strecken.

1 Die Sohle des rechten Fußes innen an den linken Oberschenkel legen. Die Daumen verschränken, einatmen, die Luft anhalten und die Arme nach vorne, dann nach oben strecken.

2 Ausatmen, über das gestreckte Bein von der Taille ausgehend nach vorne beugen und die Zehen des linken Beins fassen. Kopf und Nacken entspannen und tief atmen.

Vorbeuge

Ziel dieser Übung ist es, die Wirbelsäule zu dehnen. Einigen Menschen wird dies unmöglich erscheinen, und die Versuchung ist groß, mit dem Körper zu kämpfen, um die Zehen zu erreichen. Schaffen Sie dies nicht mit gestreckten Beinen, legen Sie einfach die Hände auf die Beine, und entspannen Sie Körper, Kopf und Hals, während Sie gleichmäßig atmen. Mit etwas Übung werden Sie bald die Zehen umfassen können. Zum Beenden dieser Position einatmen und die Hände langsam über die Beine gleiten lassen. Dabei die Wirbelsäule strecken.

1 Mit gerader Wirbelsäule und gestreckten Beinen auf den Boden setzen. Die Daumen verschränken, die Hände auf die Knie legen und einatmen. Die Luft anhalten, zu den Zehen greifen, dann aufrichten und in einem Winkel von 10° zurücklehnen.

2 Ausatmen, von der Taille ausgehend nach vorne beugen und die Zehen oder die Unterschenkel umfassen. Die Position halten, dabei langsam und tief atmen und den Körper mit jedem Ausatmen weiter nach unten senken.

Ausgleichsübung

Diese Übung ist die Gegenbewegung zur Vorbeuge. Wenn man die Position beendet, atmet man aus, setzt sich auf den Po und nimmt dann langsam die Totenstellung (siehe Seite 61) ein.

Mit gestreckten, geschlossenen Beinen auf den Boden setzen und auf die Hände stützen. Die Beine gestreckt halten, einatmen und den Körper mit den Armen vom Boden drücken.

Beinheben

Mit dieser Übung dehnt man die Beinmuskulatur und stärkt Bauch und Kreuz. Konzentrieren Sie sich dabei auf die Atmung, und halten Sie den Oberkörper möglichst ruhig.

1 Mit geschlossenen Beinen auf den Rücken legen, die Arme an den Körper legen und die Handflächen zum Boden drehen. Ein Bein möglichst hoch heben und dabei einatmen. Beim Absenken das Bein gestreckt halten, den Fuß beugen und ausatmen. Mehrmals wiederholen.

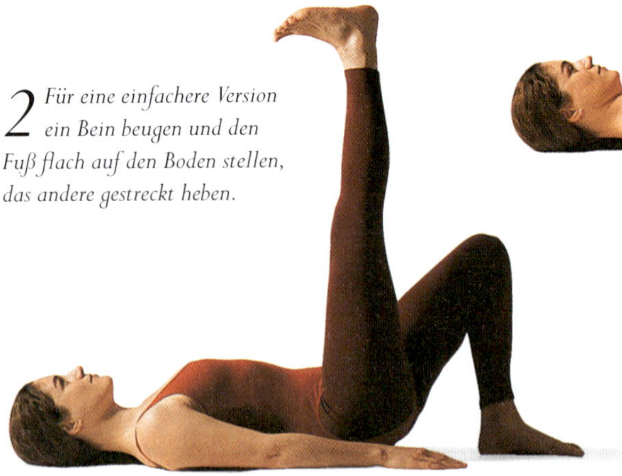

2 Für eine einfachere Version ein Bein beugen und den Fuß flach auf den Boden stellen, das andere gestreckt heben.

Beide Beine heben

Bei dieser schwierigen Übung ist Vorsicht geboten, da man leicht das Kreuz überdehnt. Möchte man beide Beine heben, braucht man starke Bauchmuskeln. Zur Unterstützung kann man die Hände mit den Handflächen nach unten nahe an die Pobacken unter das Kreuz schieben.

Auf den Rücken legen und die Hände nahe am Po mit den Handflächen nach unten auf den Boden legen. Einatmen und beide Beine in einem Winkel von ungefähr 45° anheben. Den Atem anhalten, diese Stellung halten, dann ausatmen und die Beine bis knapp über dem Boden senken. Wiederholen.

Kobra

Mit dieser Position stärkt und massiert man die inneren Organe, verbessert die Durchblutung und lindert Menstruationsschmerzen. Beim Beenden der Übung ausatmen und langsam die Arme entspannen. Wiederholen, so oft dies angenehm ist.

1 Mit geschlossenen Beinen auf den Bauch legen. Die Hände, mit den Handflächen nach unten, unter die Schultern legen. Die Stirn auf dem Boden ruhen lassen.

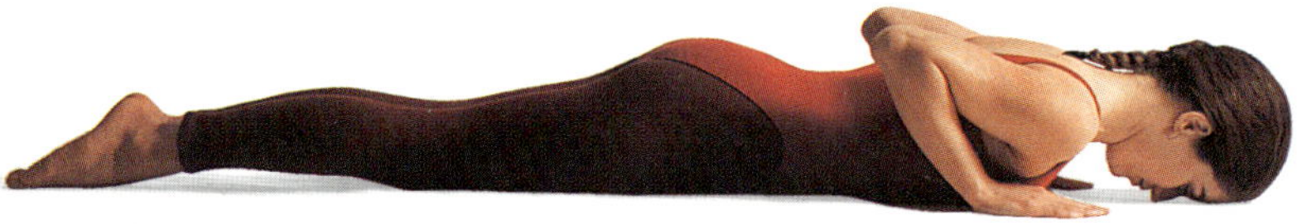

2 Einatmen, Nase und Kinn über den Boden gleiten lassen, um die Wirbelsäule zu strecken, nach hinten beugen und die Brust möglichst hoch vom Boden abheben.

3 Auf die Hände stützen, um die Brust noch weiter zu heben. Die Schultern senken, den Kopf zurücklegen und die Beine auf dem Boden lassen.

4 Die Arme strecken, um den Körper weiter zu dehnen. Die Position zwei bis drei Atemzüge halten.

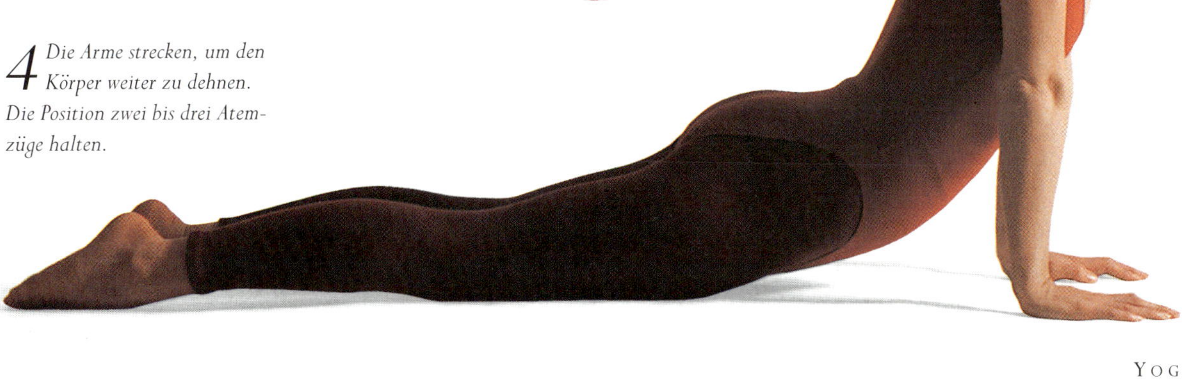

Schulterübung

Mit dieser Übung kann man Verspannungen in den Schultern lösen. Bei einer anderen Version hebt man die Schultern beim Einatmen zu den Ohren, hält die Position beim Ausatmen und senkt die Schultern.

1 Die Füße parallel stellen und etwa 45 cm öffnen. Durch die Nase einatmen und beide Schultern zu den Ohren ziehen.

2 Den Atem anhalten, die Spannung fühlen, dann durch den Mund ausatmen und die Schultern absenken. Mehrmals wiederholen, dann die Schultern sanft nach vorne und hinten kreisen.

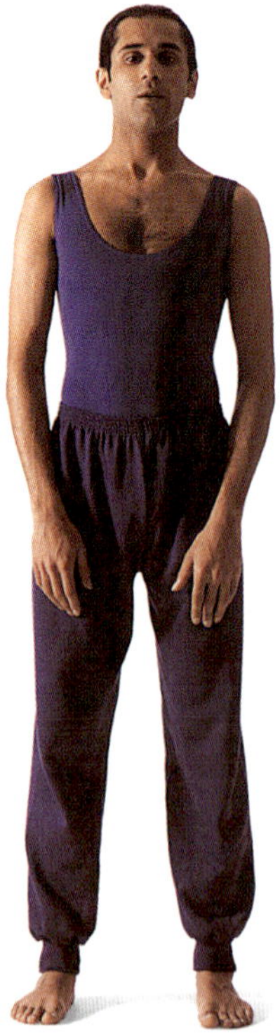

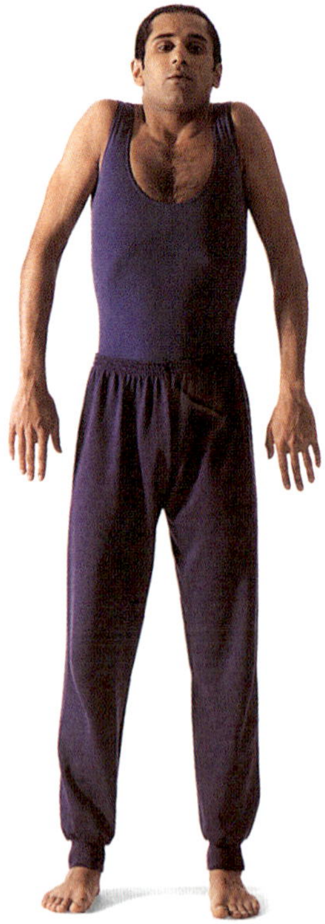

Der Fisch

Diese Übung ist ein guter Ausgleich nach dem Schulterstand (siehe Seite 75). Um sie zu beenden, entspannt man den Kopf, dann Hände und Schultern.

1 Mit geschlossenen Beinen auf den Rücken legen und die Handflächen neben den Oberschenkeln auf den Boden legen.

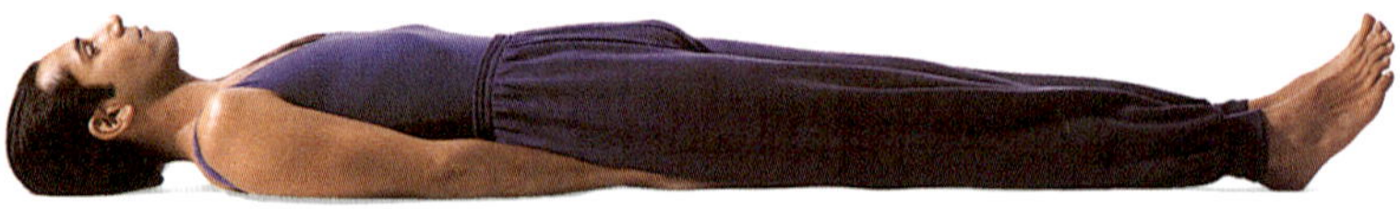

2 Einatmen, auf die Arme stützen und die Wirbelsäule abheben. Der Kopf bleibt dabei auf dem Boden.

Der Hund

Mit dieser Übung wird die Beinmuskulatur gestärkt und die Energiezirkulation angekurbelt. Stellen Sie sich vor, daß die Energie aus der Erde durch die Arme in den Körper gelangt, das Herz ausfüllt und durch die Beine wieder in die Erde fließt. Zum Beenden der Übung durch die Nase ausatmen, die Knie beugen und auf die Fersen setzen. Die Stirn auf den Boden legen und die Vorwärtsbeuge (siehe Seite 73) einnehmen.

1 *Mit geschlossenen Beinen und aufgestellten Zehen auf den Boden knien. Die Handflächen auf den Boden legen und die Arme strecken. Vollständig durch die Nase ausatmen.*

2 *Tief einatmen und dabei die Beine strecken. Das Gewicht sollte gleichmäßig auf Hände und Füße entlang der Fußsohlen verteilt sein. Die Hände still halten und den Körper zu den Beinen schieben, bis die Hüften einen spitzen Winkel bilden. Die Fersen sollten den Boden erreichen. Tief atmen.*

Öffnen der Brust

Wie der Name bereits besagt, dehnt diese Position den Brustkorb und öffnet die Atemwege in der Lunge. Zum Beenden der Übung atmet man ein, legt die Arme beim Ausatmen auf den Rücken und richtet sich langsam auf. Die Arme lösen und die Beine schütteln.

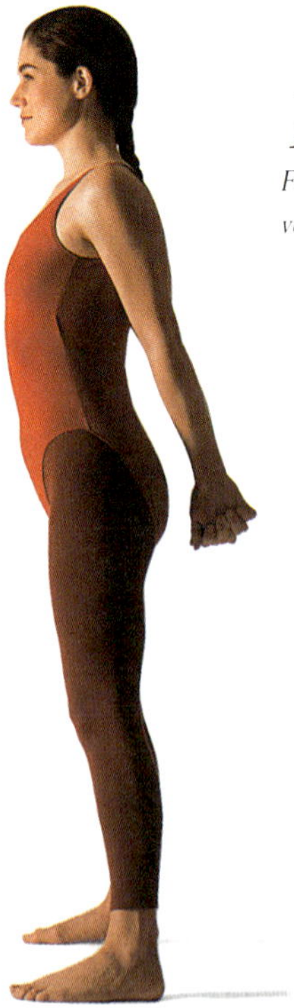

1 Die Beine weit öffnen und parallel stellen, dann die Finger locker hinter dem Rücken verschränken.

2 Durch die Nase einatmen und nach vorne beugen, bis der Oberkörper parallel zum Boden steht. Die Arme hinter dem Rücken möglichst hoch heben.

3 Ausatmen und von der Taille aus nach vorne beugen. Dabei die Arme hoch halten und die Beine strecken. Einige tiefe Atemzüge machen und fühlen, wie sich die Brust öffnet.

Seitliches Dehnen

Für diese Übung die Arme über den Kopf heben und abwechselnd nach links oder rechts beugen. Dabei werden Sie fühlen, wie sich die Seiten dehnen und die Wirbelsäule sich beugt.

1 Mit weit geöffneten Beinen hinstellen und beide Arme über den Kopf strecken. Das rechte Handgelenk mit der linken Hand umfassen.

2 Einatmen, den rechten Arm in die Höhe strecken, ausatmen und nach links beugen. Einatmen, gerade stellen, ausatmen und nach rechts beugen.

3 Zum Beenden der Übung erst einatmen und gleichzeitig beide Arme nach vorne strecken und dann nach oben heben. Die Handgelenke entspannen und lockern.

4 Die Arme auf Schulterhöhe halten und Ellbogen und Schultern entspannen.

5 Schließlich aus der Taille nach vorne beugen und Handgelenke, Ellbogen, Kopf, Hals und Schultern vollkommen entspannen.

Der Kopfstand

Der Kopfstand ist eine Wohltat für Geist und Körper. Mit regelmäßiger Übung werden Sie rasch merken, daß Sie körperlich und geistig reger werden. Da der Kopfstand Druck vom Kreuz nimmt, kann er zudem Rückenbeschwerden lindern. Überdies beruhigt er das Herz und fördert die Durchblutung. Allerdings sollten Frauen während der Menstruation diese Position vermeiden. Anfangs werden Sie vielleicht Druck auf Kopf und Nacken spüren. Dabei kann es helfen, wenn Sie sich vorstellen, daß Sie an den Sprunggelenken gehalten werden. So wird das Körpergewicht auf die Unterarme gelenkt. Zum Beenden der Übung beugt man die Knie, senkt sie zur Brust herab und stellt die Füße auf den Boden.

1 Niederknien, die Unterarme auf den Boden legen und die Ellbogen mit den Händen umfassen.

2 Die Ellbogen stillhalten, die Hände lösen und die Finger auf dem Boden verschränken.

3 Den Kopf auf den Boden legen und den Hinterkopf mit den verschränkten Fingern abstützen. Einatmen, die Beine strecken und die Hüften heben.

4 Die Beine in kleinen Schritten zum Gesicht führen, bis die Hüften direkt über der Wirbelsäule stehen.

5 Den Hals gerade halten und das Körpergewicht mit den Ellbogen ausbalancieren. Die Knie beugen und die Füße vorsichtig vom Boden abheben.

6 Das Gleichgewicht mit den Bauchmuskeln halten und die Knie langsam heben, die Beine strecken und die Füße entspannen. Den Körper ruhig halten und sehr tief atmen.

Stützhilfe

Wenn Sie noch nie oder schon lange keinen Kopfstand mehr gemacht haben, ist es einfacher, sich erst an einer Wand abzustützen, bevor Sie einen freien Kopfstand versuchen.

Befolgen Sie dafür einfach die nebenstehenden Übungsschritte, doch knien Sie mit Kopf und Fingern nahe an einer Wand. Wenn Sie dann die Beine strecken, können Sie Fersen, Po oder Rückseite der Beine leicht an die Wand lehnen, um nicht umzufallen.

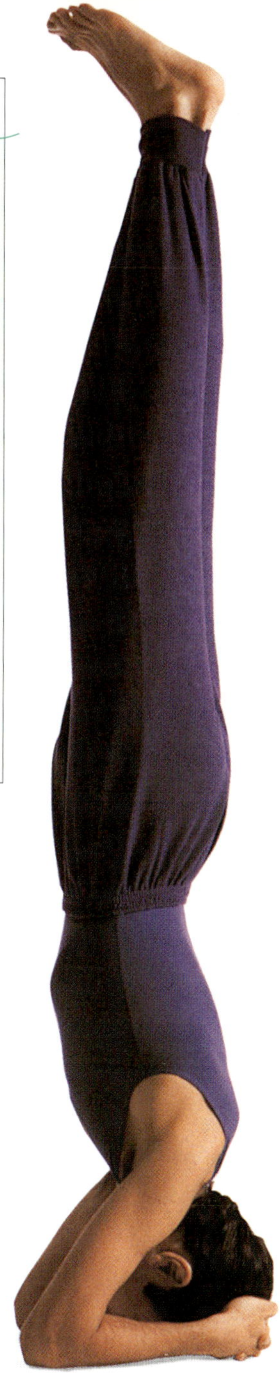

Liegender Held

Man sollte bei dieser Position anfangs den Rücken mit Kissen abstützen, um Probleme beim Dehnen zu vermeiden. Stützen Sie sich beim Beenden der Übung auf Hände und Arme, bevor Sie die Beine entspannen.

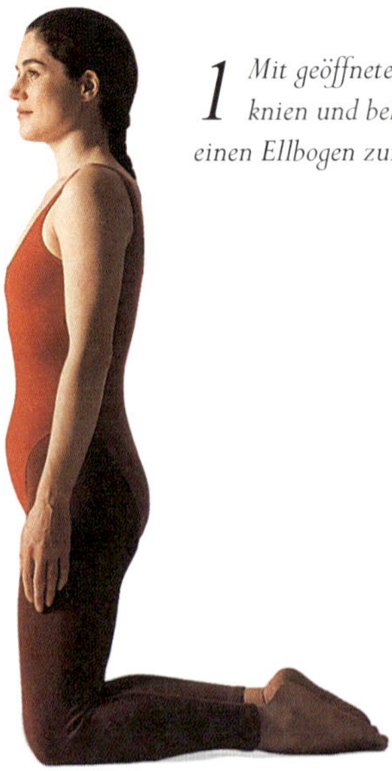

1 Mit geöffneten Beinen hinknien und behutsam auf einen Ellbogen zurücklehnen.

2 Auf beide Ellbogen stützen und vorsichtig die Schultern zum Boden führen. Wenn Sie an diese Position nicht gewöhnt sind, ein Kissen unter den Rücken schieben, bevor Sie sich zurücklehnen.

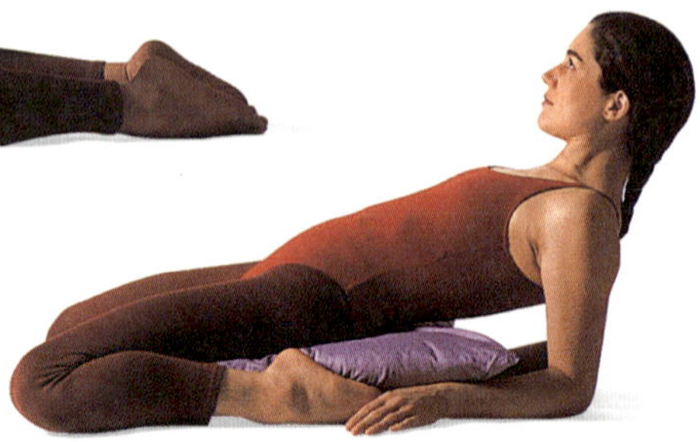

3 Schultern und Kopf flach auf den Boden legen. Fühlen Sie, wie sich Oberschenkel, Knie und Kreuz dehnen. Die Ellbogen mit den Händen fassen.

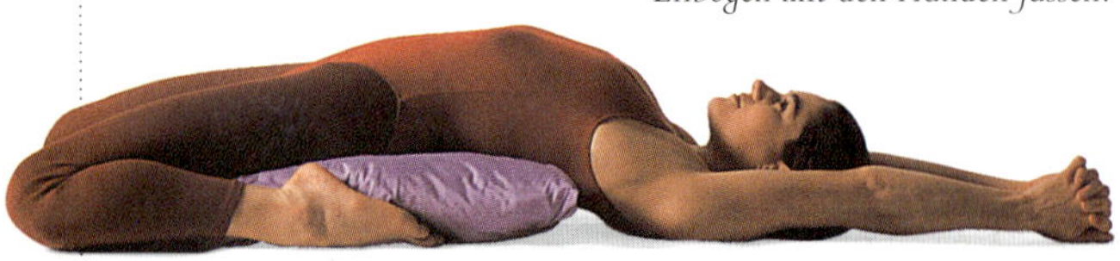

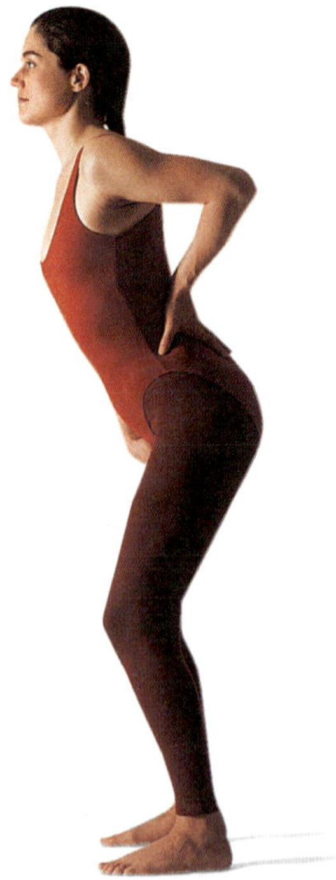

1 Die Füße 45 cm öffnen und die Knie leicht beugen. Die Hände auf Hüften, Rücken oder an die Seite legen oder in die Höhe strecken.

2 Das Becken vor und zurück drücken, zur Seite bewegen oder kreisen lassen. Die Bewegungen sollten langsam stärker werden.

Beckenkreisen

Mit dieser Übung aktivieren Sie das Sakralchakra (siehe Seite 18) und setzen blockierte Energie frei. Diese sinnliche Bewegung ist wunderbarer Ausdruck Ihrer Sexualität. Bei Partnerübungen stehen Sie einander gegenüber und halten Augenkontakt, während Sie die Hüften bewegen. Der Mund sollte offen sein, damit Töne entweichen können. So lösen Sie Hemmungen und drücken Gefühle aus.

Das Kamel

Diese Übung dehnt den gesamten Brustbereich, stärkt die Bauchmuskulatur und hält die Wirbelsäule beweglich. Beim Beenden der Übung ausatmen, auf die Fersen setzen und den Körper in die Vorwärtsbeuge bringen. Verharren Sie in dieser Position, so lange Sie dies wünschen.

1 Mit geöffneten Knien niederknien, so daß sich die Zehen berühren. Einatmen, die Hüften nach vorne drücken, zurücklehnen und erst das rechte, dann das linke Sprunggelenk umfassen. Dabei den Kopf nach hinten zu den Füßen neigen.

2 Während Sie die Sprunggelenke halten, tief atmen und den Körper mit jedem Atemzug anspannen, bei jedem Ausatmen entspannen. So lange fortsetzen, wie dies für Sie angenehm ist.

3 In die Vorwärtsbeuge gehen, bis die Stirn den Boden berührt. Die Arme an die Seiten legen, wobei die Handflächen nach oben weisen.

Die Brücke

Mit dieser Übung stärken Sie das Kreuz und die Bauchmuskulatur. Zwar gibt es zahlreiche verschiedene Varianten zu dieser Position, doch eignet sich die hier dargestellte besonders für Anfänger.

Sie sollten bei dieser Übung das Kinn zur Brust ziehen, um die Schilddrüse zu aktivieren, die im Hals liegt und Hormone produziert, die für das Nervensystem und den Stoffwechsel wichtig sind.

1 Auf den Rücken legen, ausatmen, beide Knie zur Brust ziehen und die Knie umfassen. Dann die Vorderseite der Sprunggelenke umfassen. Indem Sie mit flachen, leicht geöffneten Füßen an den Sprunggelenken ziehen, heben Sie Rücken, Po und Hüften vom Boden ab.

2 Einatmen, das Becken nach vorne und oben drücken und möglichst hoch heben. Tief und regelmäßig atmen und die Stellung möglichst lange halten.

3 Zum Beenden die Wirbelsäule vom Hals ausgehend nach unten rollen. Die Knie zur Brust ziehen, dann die Beine auf dem Boden ausstrecken.

Schulterstand und Pflug

Der Schulterstand ist eine Umkehrposition, die den Körper stärkt und verjüngt. Der Pflug geht von dem Schulterstand aus, doch senkt man dabei die Füße hinter dem Kopf auf den Boden ab.

1 Mit geschlossenen Beinen auf den Boden legen. Die Arme liegen seitlich, die Handflächen weisen nach unten. Einatmen, die Arme nach unten drücken und die Beine, Hüften und Oberschenkel vom Boden abheben.

2 Ausatmen, die Beine strecken, den Körper mit den Händen abstützen, wobei die Daumen vorne, die Finger hinten liegen.

3 Für den Pflug beim Ausatmen langsam die Beine hinter den Kopf absenken, bis die Zehen den Boden berühren.

4 Die Arme über den Kopf strecken und die Zehen mit den Fingern umfassen.

Hals- und Kopfübungen

Diese Übungen helfen, Muskelverspannungen in Nacken und Schultern zu lösen. Da diese Verspannungen Ursache und Folge seelischer Anspannung sein können, sind sie besonders am Ende eines anstrengenden Tages oder in Streßsituationen äußerst angenehm. Man kann diese Übungen im Stehen, Sitzen oder Knien machen. Wichtig ist nur, daß Sie sich wohl fühlen und die Wirbelsäule gerade halten. Besonders wirksam sind die Übungen, wenn man gleichzeitig tief und rhythmisch atmet. Man sollte durch die Nase ein- und durch den Mund wieder ausatmen.

1 Den Kopf mit geradem Nacken nach vorne beugen, tief einatmen und durch den Mund ausatmen. Den Kopf zurückbeugen und den Mund öffnen. Diese Übung mehrmals wiederholen. Man kann zur Abwechslung auch Kopf und Nacken ruhig halten, während man mit leicht geöffnetem Mund einige tiefe Atemzüge macht.

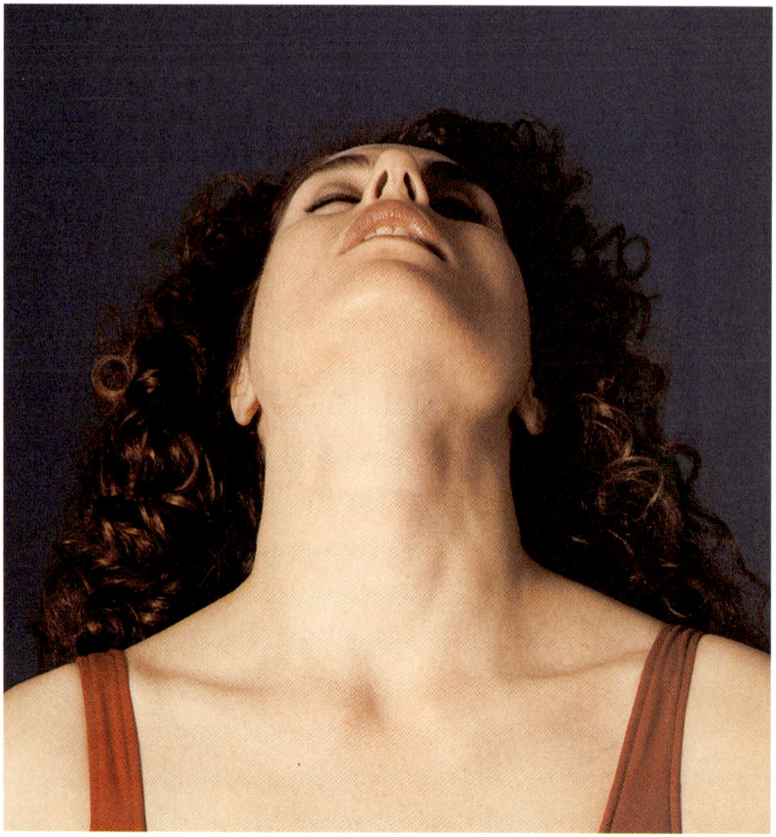

2 Mit gerader Wirbelsäule und gesenkten Schultern den Kopf erst nach links, dann nach rechts zur Schulter ziehen.

3 Tief einatmen, die Schultern entspannen, ausatmen und das Kinn zur Brust ziehen, um den Nacken zu dehnen.

GERADER RÜCKEN
Bei den Hals- und Kopfübungen kann man bequem sitzen, knien oder stehen. Halten Sie die Wirbelsäule gerade, und konzentrieren Sie sich darauf, die Nacken- und Schultermuskulatur zu dehnen und den Kiefer zu entspannen.

Beruhigung der Augen
Reiben Sie nach der Augenübung die Handflächen kurz aneinander, bis sie warm werden. Legen Sie dann die Handflächen über die geschlossenen Augen, die sich durch die Dunkelheit und die Wärme entspannen. Diese Übung tut auch gut, wenn Sie nach einem harten Arbeitstag müde Augen haben.

Gesicht, Kiefer und Augen

Man kann diese Übungen fast überall machen. Die Gesichtsübungen lockern Muskelverspannungen in Gesicht und Kiefer, die Augenübungen können helfen, die Augen zu entspannen, und vielleicht sogar dazu beitragen, daß Sie besser sehen. Strecken Sie vor den Augenübungen einen Arm vor dem Körper aus und heben Sie den Daumen. Blicken Sie erst einige Augenblicke auf den Daumen und dann möglichst weit in die Ferne. Wiederholen Sie diese Übung. Öffnen Sie am Ende der Übung die Augen. Dann rollen Sie die Augäpfel nach oben, bis man das Weiße in den Augen sieht.

Man kann diese Übungen in der hier gezeigten Reihenfolge durchführen. Erst entspannt man Gesicht und Kiefer, dann die Augen. Sie können aber auch die einzelnen Übungen alleine oder in Kombination mit einer oder mehreren anderen Übungen machen oder auch die Reihenfolge ändern.

1 Den Mund weit öffnen und einen Korken zwischen die Zähne stecken. Diese Übung dehnt die Kiefermuskeln und löst Spannungen in Gesicht und Nacken.

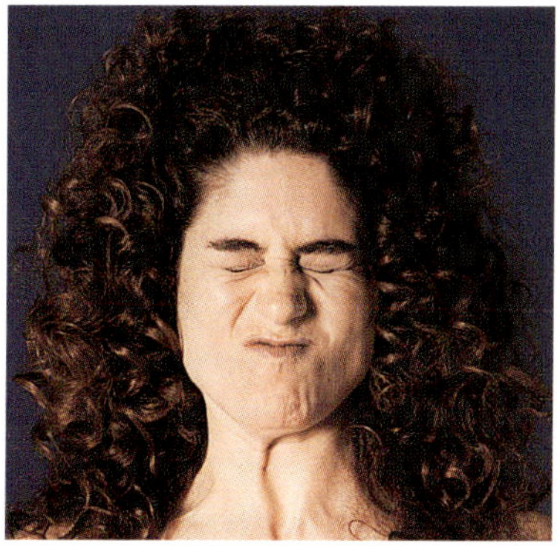

2 Gesicht und Unterkiefer mit möglichst vielen Muskeln bewegen. Anspannen, indem Sie die Lippen schürzen, die Augen fest zudrücken und die Stirn runzeln.

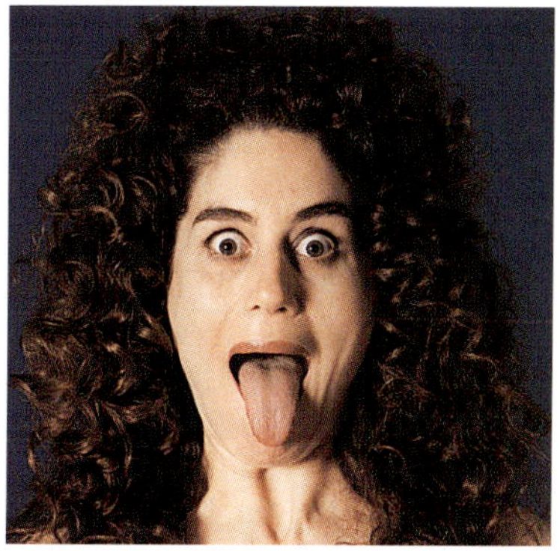

3 Die Augen weit öffnen, dann den Mund öffnen und die Zunge herausstrecken. Die Zunge rhythmisch von links nach rechts bewegen.

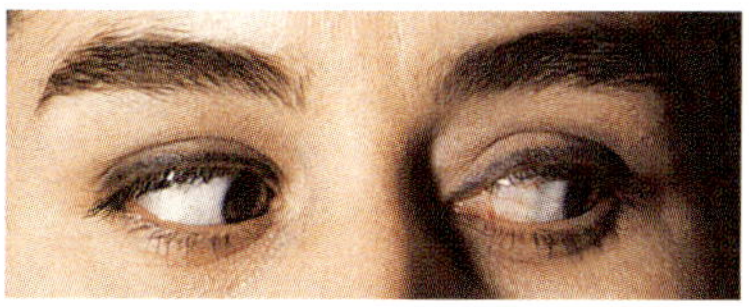

4 Den Kopf ruhig halten und die Augen im Uhrzeigersinn kreisen. Stellen Sie sich vor, daß Sie mit den Augen den Zeigern einer imaginären Uhr folgen.

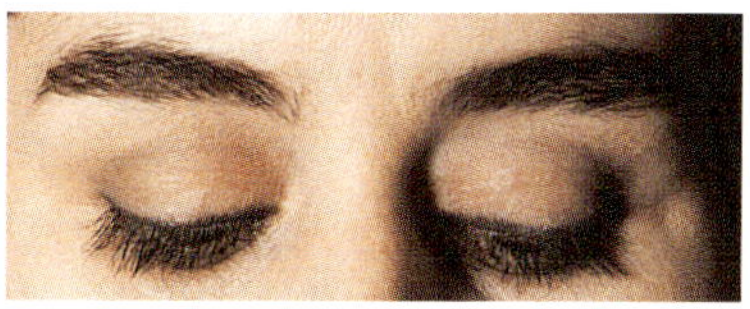

5 Nach mehreren Kreisen im Uhrzeigersinn die Richtung wechseln und dann mehrmals nach oben und nach unten blicken, ohne den Kopf zu bewegen.

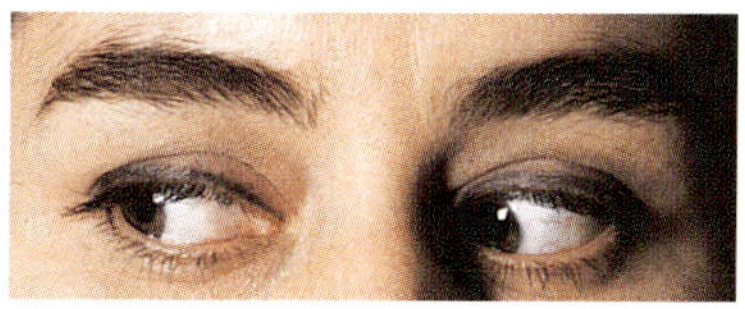

6 Zum Abschluß die Augen auf der imaginären Uhr mehrmals hin und her huschen lassen, mehrmals abwechselnd nach links und nach rechts blicken.

Schlaf

Der Schlaf ist eine natürliche, wichtige Körperfunktion, die wir meist für gegeben hinnehmen. Wir verschlafen etwa ein Drittel unseres Lebens, doch ist die Schlafdauer nicht so wichtig wie die Qualität des Schlafes.

Fast alle Menschen kennen das Gefühl, am Morgen völlig zerschlagen aufzuwachen. Die Qualität des Schlafes wird von mehreren verschiedenen Faktoren bestimmt. So haben etwa die Naturkräfte großen Einfluß auf unsere körperliche und geistige Energie, und sie beeinflussen nicht nur unseren Tagesablauf, sondern auch unser Schlafverhalten. Ein sehr einfaches Beispiel dafür ist, daß viele Menschen bei Vollmond viel mehr Energie haben als bei Neumond. Unser seelisches und geistiges Wohlbefinden beeinflußt den Schlafrhythmus ebenso die Luftverschmutzung und die ständige Geräuschkulisse in den Städten.

Vorbereitung auf den Schlaf

Am Abend sehr viel oder knapp vor dem Schlafengehen zu essen, mag schläfrig machen, aber es hat auf jeden Fall negative Auswirkungen auf die Qualität des Schlafes. Da der Körper in der Nacht seinen Rhythmus ändert, kann er die Nahrung nicht so leicht wie am Tag verdauen, und die Toxine im unverdauten Essen verstopfen das System. Es ist empfehlenswert, nach dem Mahl drei bis vier Stunden wach zu bleiben oder überhaupt zu essen, solange die Sonne scheint und das Feuer der Verdauung stärker brennt.

Auch der Kopf muß von den Sorgen des Tages frei sein, bevor wir schlafen gehen. Es ist nicht so einfach, wie es klingt, den Körper völlig zu entspannen und komplett abzuschalten. Deshalb sind Yoga und Meditation auch so wichtig, um den Geist zu beruhigen. Mit Hilfe dieser Techniken können Sie lernen, Geist und Körper zu kontrollieren, anstatt sich von Geist und Körper kontrollieren zu lassen.

Auch mit Sex kann man wunderbar Anspannungen lösen, Sorgen vergessen und den Körper wieder fit machen. Sie können aber auch mit Ihrem Partner Energie austauschen oder teilen, indem Sie einfach gemeinsam im Bett liegen und einander halten. So können Sie Duft und Berührung des Partners genießen, einander ohne Sex lieben und gemeinsam einschlafen.

Damit der Schlaf wirklich erholsam wird, können Sie mit einfachen Übungen Körper und Geist entspannen. Legen Sie sich auf den Rücken, und halten Sie die Arme mit den Handflächen nach oben seitlich am Körper. Atmen Sie ein, und spannen Sie jeden Muskel einige Augenblicke lang an. Atmen Sie mit einem Seufzer aus, und entspannen Sie ihn wieder. Beginnen Sie bei den Zehen, und arbeiten Sie sich durch alle Muskelpartien bis zum Gesicht vor.

IV

Geist und Seele

Ruhe und Erneuerung

Durch Beobachtung der Natur erkannten die Taoisten des Altertums, daß die Dinge, die sich langsam bewegten, länger lebten. Ihr höchstes Streben galt der Langlebigkeit. Zwar machen wir uns heutzutage nicht mehr viele Gedanken über Langlebigkeit, doch ist das moderne Leben so ungesund schnell, daß es uns allen gut tun würde, ein bißchen auszuruhen und zu versuchen, Geist und Körper zu entspannen.

Der unbarmherzige Druck, dem wir uns täglich ausgesetzt sehen, fordert seinen körperlichen, geistigen, seelischen, spirituellen und sexuellen Tribut. Eine der Gefahren dabei ist, daß wir uns häufig nicht bewußt sind, wie sehr wir unter diesem Druck leiden, und daß es oft zu spät ist, wenn wir daraufkommen. Sie können aber alleine oder mit dem Partner einige einfache Maßnahmen setzen, um Körper und Geist nicht zu überfordern, den Energiefluß im Körper freizusetzen und die Sinnlichkeit neu zu entdecken. Dies ist möglich, wenn Sie sich zu entspannen lernen; durch Meditation Ihren Seelenfrieden finden und mittels Reflexzonenmassage den Organen Energie zuführen und die Sinne stimulieren können.

Stress und Anspannung

Streß und streßbedingte Krankheiten nehmen in unserer Gesellschaft stark zu. Zudem leiden wir unter chronischer Ungeduld und suchen sofortige Befriedigung. So ziehen wir Fast food einem entspannten Mahl vor, und die Freuden von langsamen Liebesspielen sind uns unbekannt. Sex wurde zu einem Gebrauchsgegenstand, der den Verkauf ankurbeln soll. Auch beim Geschlechtsverkehr haben wir es eilig, zu einem Ende zu kommen, anstatt jeden einzelnen Augenblick zu genießen. Wir müssen wieder lernen, uns zu entspannen. Das gilt nicht nur für Beruf und Alltag, sondern auf für den Sex.

»Die Farbenpracht blendet das Auge, die Tonkulisse betäubt das Ohr.«

LAOTSE

Eines der häufigsten Streßsymptome ist Anspannung. Sie nimmt uns die Energie und verursacht körperliche Probleme, Müdigkeit und seelisches Ungleichgewicht, da Geist und Körper miteinander verbunden sind. Durch Sorgen verspannt sich der Körper. Ist aber der Kopf entspannt, kann sich auch der Körper entspannen.

Die Anspannung sammelt sich in verschiedenen Körperteilen wie den Muskeln in Schultern, Nacken, Kiefer und Gesicht.

Viele Menschen sind sich dessen nicht bewußt und leben so in ständiger geistiger und körperlicher Anspannung. Es ist wichtig, daß wir regelmäßig abschalten und uns Zeit für uns selbst nehmen, da wir ständig von äußeren Reizen überflutet werden. Zwar können Yoga und Meditation zur Entspannung beitragen, doch werden diese Techniken größere Wirkung zeitigen, wenn man sie entspannt ausführt.

Entspannungstechniken

Wenn Sie sich völlig entspannen können, werden Sie sich erfrischt und jünger fühlen. Tatsächlich können einige Minuten tiefer Entspannung mehr bringen als stundenlanger unruhiger Schlaf. Sie müssen aber wirklich lernen loszulassen. Ein Fernsehabend ist dafür nicht geeignet, da er Ihnen noch zusätzliche geistige und körperliche Energie entzieht.

Loslassen

Am besten kann man sich entspannen, wenn man sich flach auf den Rücken legt oder bequem auf einen Stuhl setzt. Möchte man sich im Liegen entspannen, so ist die Totenstellung (siehe Seite 61) eine ideale Position. Wenn Sie in dieser Stellung liegen, können Sie systematisch jede einzelne Muskelgruppe im Körper von den Zehen bis zum Kopf anspannen und wieder entspannen. Wenn Sie dies gemacht haben, werden Sie wissen, wie sich Verspannungen in den einzelnen Körperteilen anfühlen und wie Sie loslassen können.

Wenn Sie die Muskeln entspannt haben, können Sie sich auf die Atmung konzentrieren. Sie können den Kopf freimachen, wenn Sie gleichmäßig, langsam und tief atmen. Schließen Sie die Augen, machen Sie sich von den Sorgen frei, und konzentrieren Sie sich auf Geist und Körper. Stellen Sie sich vor, daß der Körper immer tiefer in die Erde sinkt, wo er sicher und geborgen ist und genährt wird. Lassen Sie nun völlig los, so daß der Körper entspannen und der Geist frei fließen kann. Damit sich keine störenden Gedanken einschleichen, konzentrieren Sie sich auf ein Bild wie z. B. auf einen imaginären Lichtpunkt.

Wenn die Muskeln entspannt sind und der Geist ruhig wird, kann das gesamte Körpersystem entspannen. Bereits nach wenigen Minuten progressiver Muskelentspannung (gönnen Sie sich insgesamt mindestens 20 Minuten) werden Sie sich erfrischt und jünger, entspannt und voller Energie fühlen.

Entspannung und Sex

Yoga und Meditation lassen sich am besten ruhig und entspannt üben. Dasselbe gilt für Sex! Rasen Sie nicht zum Höhepunkt, sondern genießen Sie jeden Augenblick. Entspannen Sie sich mit Ihrem Partner. Genießen Sie die euphorische Energie. Wenn Sie ruhig, sorglos und entspannt Sex haben, werden Sie in neue Sphären vorstoßen.

Meditation

Bei der Meditation geht es nicht um unser Handeln, sondern um unser Wesen. Die Meditation ist die Zeit, die Sie sich gönnen, um alleine und ungestört zu sein, in der Ihr Geist ruhig und gesammelt ist. Die innere Ruhe, die sich durch die Meditation verbreitet, nährt die Seele und bringt Freude und Weisheit.

Meditation zählt zu den wichtigsten Yoga-Techniken (siehe Seite 48). Wie die Asanas den Körper gesund und geschmeidig machen sollen, wird Meditation eingesetzt, um das geistige und seelische Wohlbefinden zu steigern. Bei einigen Meditationstechniken werden Mantras (siehe Seite 21) verwendet, bei anderen konzentriert man sich auf ein Bild oder Symbol oder einfach auf den Atem. Zwar kann man Meditationstechniken lernen, doch kann ein meditativer Zustand nicht erzwungen werden. Dies geschieht von selbst, wenn man dazu reif ist, und jede Person erlebt wahre Meditation anders.

Freude

Wenn man den Geist von den unaufhörlichen Gedanken frei macht und sich Zeit und Raum gönnt, zu sich selbst, zu dem inneren Universum zu finden, so werden Körper und Geist davon profitieren.

Einst war die tägliche Meditation für mich eine Übung wie Yoga. Ich kämpfte mit mir selbst, da ich ständig nach einer Ausrede suchte, um nicht meditieren zu müssen, und hatte Gewissensbisse, wenn ich es nicht tat. Eines Tages zündete ich jedoch eine Kerze an, setzte mich nieder und schloß die Augen. Ich achtete auf meinen Atem und ließ die Gedanken treiben, ohne mich an einem festzuklammern. Zum ersten Mal hatte ich das Gefühl, nicht nur zu meditieren, sondern einen meditativen Zustand zu erreichen. Das gab für mich den Ausschlag und machte Meditation zu einem täglichen Ritual, das ein Lächeln auf mein Gesicht und ein Lied auf meine Lippen zauberte. Ich habe inneren Frieden gefunden.

Zeit für sich selbst

Betrachten Sie die Meditation als Chance, sich zu erfrischen und Energie zu tanken. Die Zeit, die Sie sich selbst gönnen, kann zu befreiender Selbsterkenntnis führen.

Meditation hat auch physiologische und psychologische Wirkungen. Die Sauerstoffaufnahme steigt, die Herzfrequenz sinkt ab, der Blutdruck fällt, der Körper kommt zur Ruhe, und der Geist wird frei.

Meditation erfordert weder Anstrengung noch Konzentration. Sie müssen nur dafür bereit sein. Und das kann jeder erlernen. Wir dürfen nicht nach außen, sondern nur in unser Inneres blicken.

Meditationsübungen

Wenn Sie die Meditation erlernen wollen, sollten Sie sich täglich 20 Minuten Zeit dafür nehmen. Stecken Sie das Telefon aus, schalten Sie Fernseher, Stereoanlage oder Radio aus, und suchen Sie sich einen bequemen Platz, an dem Sie gerne sitzen. Da die Körpertemperatur absinkt, wenn Sie sich entspannen, muß der Raum warm sein oder eine Decke bereitliegen.

Setzen Sie sich mit geradem Rücken und überkreuzten Beinen auf den Boden, oder nehmen Sie auf einer Stuhlkante Platz ,und stellen Sie die Füße flach auf den Boden. Yogis nehmen den Lotossitz oder *Padmasana* ein. Er ist für die Meditation ideal, da das Prana (siehe Seite 16) harmonisch fließen kann. Legen Sie die Hände mit den Handflächen nach oben auf die Beine, und machen Sie ein *Mudra*. Diese Geste kann ein Kreis sein, den Sie mit Daumen und Zeigefinger jeder Hand beschreiben, um die subtilen Energien zu kanalisieren.

Atmung

Atmen Sie tief und regelmäßig. Schließen Sie die Augen, und atmen Sie bewußt durch die Nase ein und aus. Wenn Ihnen Gedanken in den Kopf schießen, lassen Sie sie schweben und konzentrieren Sie sich auf die Atmung. Denken Sie daran, daß Meditation nie Anstregung bedeutet.

Kerzenlicht

Setzen Sie sich bequem auf einen Stuhl oder den Boden, und stellen Sie eine brennende Kerze vor sich. Schließen Sie die Augen, atmen Sie tief durch die Nase, öffnen Sie langsam die Augen, und konzentrieren Sie sich auf die Kerze. Schließen Sie die Augen, wenn Sie bereit sind, und atmen Sie tief.

Damit Sie leichter zu der Energie in Ihrem Astralleib finden, konzentrieren Sie sich auf die sieben Chakren. Beginnen Sie beim Wurzelchakra, denken Sie sich jedes Chakra in seiner Farbe und wiederholen Sie laut oder leise das entsprechende Mantra (siehe Seite 19).

Das innere Lächeln

Setzen Sie sich bequem hin und schließen die Augen. Heben Sie die Mundwinkeln und übertragen Sie dieses »Lächeln« auf den Körper und die inneren Organe. Stellen Sie sich vor, daß die Organe zurücklächeln. Sie ehren sich selbst, wenn Sie den Organen positive Energie schenken und ihnen für ihre Funktion danken.

Konzentration auf die Chakren

Wenn Sie die Hände bei der Meditation auf den Bereich des entsprechenden Chakras legen, können Sie leichter seine Energie stärken.

Reflexzonenmassage

Die Reflexzonenmassage geht von der Annahme aus, daß Füße, Hände und Sexualorgane von Nervenenden und Energiemeridianen durchzogen sind, die zu den wichtigsten Körperorganen führen. Wenn man auf diese Nerven und Meridiane drückt, werden die betreffenden Organe stimuliert und mit Energie versorgt.

Die traditionelle chinesische Akupunktur besagt, daß der Körper knapp unter der Haut vom Kopf bis zu den Zehen von einem Netz von Meridianlinien oder Energiekanälen durchzogen ist. Diese Linien enthalten Energie, mit der die wichtigsten Organe, Drüsen und Nerven energetisch ausgeglichen und aktiviert werden. Wenn die Energie durch die Kanäle nach oben fließt, sind sie Yin, nach unten Yang.

Die moderne Reflexzonenmassage beschäftigt sich mehr mit dem Energiefluß von den Nervenenden knapp unter der Haut zu den wichtigsten Organen. Wenn man bestimmte Stellen, also die Reflexpunkte, auf Händen und Füßen drückt, werden die damit verbundenen Organe stimuliert und aktiviert.

Durch sanften, aber festen Druck auf die entsprechenden Punkte auf Händen und Füßen kann man Ungleichgewichte ausgleichen und Blockaden im Energiefluß zu den Organen und Drüsen lösen. Verspürt der Patient Schmerzen auf Händen und Füßen, wenn die Reflexpunkte gedrückt werden, so ist dies ein Zeichen für eine Blockade oder ein Ungleichgewicht in dem entsprechenden Organ. Sanfte, konzentrierte Massage hilft, die Blockade zu lösen. Eine allgemeine Hand- oder Fußmassage entspannt, fördert die Durchblutung und steigert die Vitalität.

Füsse und Hände

Es kann entspannend und belebend sein, die Füße des Partners zu waschen und zu massieren (siehe Seite 107). Da zudem die Stimmung ruhiger wird, ist dies eine perfekte Vorbereitung auf Sex. Waschen Sie dem Partner die Füße mit warmem Wasser, und cremen Sie sie nach dem Abtrocknen ein. Da Hände und Arme direkt mit dem Herzen verbunden sind, wird die Energie bei der Massage aus dem Herzen durch die Hände auf den Partner übertragen. Wenn Sie seine Zehen mit den Fingern drücken, streicheln, liebkosen oder daran saugen, so werden Sie beide stimuliert. Massieren Sie beide Füße mit einer Creme oder einem Pflanzenöl, und vergessen Sie nicht Fußrücken, Zehen, Sohlen, Fersen und Achillessehne.

Massieren Sie beide Hände und Handgelenke mit einer Creme oder einem Öl. Vergessen Sie nicht Handflächen, Daumen, Finger und Knöchel, die Fingerspitzen und die Haut zwischen den Fingern. Verschränken Sie mit Ihrem Partner die Hände, lassen Sie die Hände kreisen, um das Gelenk zu massieren, und streichen Sie sanft über Handfläche, Gelenk und Innenarm. Sie können sich selbst die Hände massieren oder eine Fußreflexzonenmassage machen, indem Sie barfuß laufen.

Genitalien

Auch die Genitalien haben Reflexpunkte, die beim Sex und der Selbstbefriedigung stimuliert und massiert werden (siehe Seite 141). Bestimmte tantrische und taoistische Stellungen sollen die sexuelle Energie anregen und durch den Körper leiten. Auch die Reflexpunkte auf Händen und Füßen sollen beim Sex die Energie kanalisieren und lenken. Die Wirkung läßt sich durch Bandhas (siehe Seite 55) verstärken, da diese die Energie speichern, die sonst verloren ginge.

FUSSREFLEXZONEN

Diese Reflexzonen entsprechen den wichtigsten inneren Organen.

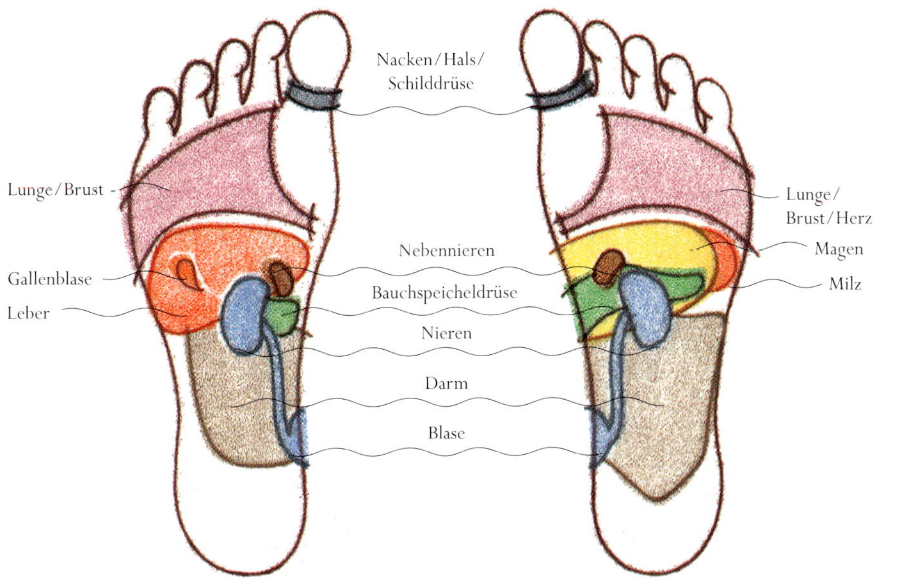

Reflexzonen
Die meisten Reflexzonen auf den Füßen haben dieselbe Form wie die Organe, mit denen sie verbunden sind. Eine gute Vorstellung der Bewegungen, die zur Stimulation dieser Zonen verwendet werden, erhält man bei einer Massage durch einen professionellen Therapeuten.

Wecken der Sinne

Das Prana Upanishad, *eine frühe hinduistische Schrift, sagt, daß der Körper von den fünf Elementen Erde, Wasser, Feuer, Luft und Äther oder* Akasa *zusammengehalten und gestützt wird. Jedes Element herrscht über einen Sinn: Erde über den Geruchssinn, Wasser über den Geschmackssinn, Feuer über den Sehsinn, Luft über den Tastsinn, Äther über den Hörsinn.*

Die fünf Elemente oder *Tattvas* sind nicht nur mit den fünf Sinnen, sondern auch mit je einem Chakra (siehe Seite 19) verbunden: Erde mit dem Wurzelchakra, Wasser mit dem Sakralchakra, Feuer mit dem Solarplexuschakra, Luft mit dem Herzchakra und Akasa mit dem Halschakra. Dem Stirn- und dem Kronenchakra werden meist keine Elemente zugeordnet.

Jedes Element ist mit einem Symbol, einer Farbe und einem Geschmack verbunden. So wird Feuer als rotes Dreieck dargestellt, es ist stechend und scharf. Der Luft wird ein grünes Oval und strenger Geschmack zugeordnet. Andere Merkmale der Elemente sind die Leidenschaften, die sie auslösen oder lenken, und die Tätigkeiten, die sie bevorzugen.

Auch die Taoisten kennen fünf Elemente, die sich aber von den hinduistischen unterscheiden. Sie lauten Holz, Feuer, Erde, Metall und Wasser und werden mit den Sinnen sowie speziellen Körperteilen assoziiert. So wird die Erde mit dem Geschmackssinn, mit Milz und Magen verbunden. Zudem wird die Erde mit dem Speichel, der Leidenschaft, feuchtem Wetter, der Sommersonnenwende und der Farbe Gelb assoziiert.

Zu den Charakteristiken des Metalls zählen der Geruchssinn, die Lunge und der Dickdarm, der Schleim, trockenes Wetter, Herbst und die Farbe Weiß.

Sex und die Elemente

Der Tantrismus besagt, daß der Körper beim Sex die fünf Elemente erzeugt. Und alte medizinische Texte aus dem Orient bestätigen, daß sich die Körpersekrete je nach Vorherrschaft eines Elements unterscheiden.

Aus der Harmonie von Mann und Frau gehen die Elemente hervor: Durch unsere Sexualorgane erleben wir die Erde, die Sekrete entsprechen dem Wasser, das Feuer wird durch die Reibung und Leidenschaft bei der Liebe entfacht, Luft geht aus den Bewegungen hervor und Äther aus der Ekstase. Wenn wir den Sex mit all unseren Sinnen genießen, werden die Elemente ausgeglichen und harmonisch: Yin, das weibliche Wasserelement, kühlt das männliche Feuer Yang und schafft das Potential für Leben.

Erde
Form: **Quadrat**
Farbe: **gelb**
Chakra: **Wurzel**
Geschmack: **süß**
Leidenschaft: **Überleben**
Tätigkeit: **Sammeln**
Charakter: **ausgeglichen**

Stimulation der Sinne

Da unsere Sinne leicht träge werden, müssen sie von Zeit zu Zeit stimuliert werden. Es kann ein sehr befreiendes sinnliches Erlebnis für beide sein, wenn Sie die Sinne des Partners aus tiefer Trägheit erwecken. Stimulieren Sie Ihren Partner mit Phantasie zu neuen sinnlichen Erlebnissen, und ermutigen Sie ihn, vertraute Erlebnisse auf neue Weise zu erfahren.

Wenn Sie ihm etwa die Augen verbinden, schärfen Sie so seine anderen Sinne. Da wir erst mit den Augen essen, können wir Speisen völlig neu erleben, wenn wir schmackhafte Häppchen gefüttert bekommen, die wir nicht sehen.

Durch die Stimulation der Sinne werden Vertrauen und Intimität mit dem Partner gestärkt. Der Geber schenkt dem Empfänger Aufmerksamkeit und gebraucht seine Phantasie, um die Sinne des Partners zu wecken. Ziel ist es, die fünf Elemente zu harmonisieren. Yogische Texte empfehlen Visualisierung und Atemkontrolle sowie die Meditation über Farbe, Form und Geschmack jedes Elements. So können die Elemente im Herzchakra gesammelt und in die entsprechenden Bereiche des Körpers und des Astralleibs gelenkt werden.

Diese Übungen sind noch wirksamer, wenn sie zu einem Ritual werden. Bereiten Sie den Raum vor, entscheiden Sie, wer gibt und wer empfängt (oder wechseln Sie sich ab), und ehren Sie Partner und Raum als sicher und heilig.

Wasser
Form: **Sichel**
Farbe: **weiß**
Chakra: **Sakral**
Geschmack: **salzig**
Leidenschaft: **Treffen**
Tätigkeit: **Friede**
Charakter: **kühl**

Stimulationsübungen

Bereiten Sie verschiedene Speisen und Getränke zu, und füttern Sie Ihren Partner mit Händen und Füßen. Lassen Sie ihn erst an den Speisen riechen und die Struktur fühlen, oder fahren Sie ihm sanft damit über die Lippen. Sie können dem Partner auch die Augen verbinden und ihn die Objekte anfassen, probieren und riechen lassen.

Wecken Sie den Geruchssinn Ihres Partners, indem Sie ihn an frischen Blumen oder einem Parfüm riechen lassen. Halten Sie ihm Duftöle oder Parfüms unter die Nase, und beobachten Sie, welche Wirkung diese haben. Ätherische Öle (siehe Seite 103) lösen unterschiedliche körperliche und emotionale Reaktionen aus.

Wollen Sie den Hörsinn Ihres Partners stimulieren, massieren Sie ihm erst mit Zeigefinger und Daumen die Ohren und nuckeln, lecken und saugen Sie dann daran. Atmen und flüstern Sie dem Partner sanft ins Ohr, machen Sie dann Geräusche an mehreren Stellen im Raum.

Machen Sie zuletzt Augenübungen (siehe Seite 79), setzen Sie sich hin, blicken Sie einander tief in die Augen, als ob Sie sich das erste Mal sehen würden. Achten Sie auf Farben, Formen, Licht und Schatten, und nehmen Sie die Details auf, als ob Sie ein Bild malen möchten. Machen Sie sich bewußt, was Sie dem Partner signalisieren und was Sie beim »Sehen« empfinden.

Feuer
Form: **Dreieck**
Farbe: **rot**
Chakra: **Solarplexus**
Geschack: **scharf, stechend**
Leidenschaft: **Leistung**
Tätigkeit: **Arbeit**
Charakter: **hitzköpfig**

Unbeschwerte Spiele

Luft
Form: **oval**
Farbe: **grün**
Chakra: **Herz**
Geschmack: **streng**
Leidenschaft: **Bewegung**
Tätigkeit: **Aufgaben**
Charakter: **ruhelos**

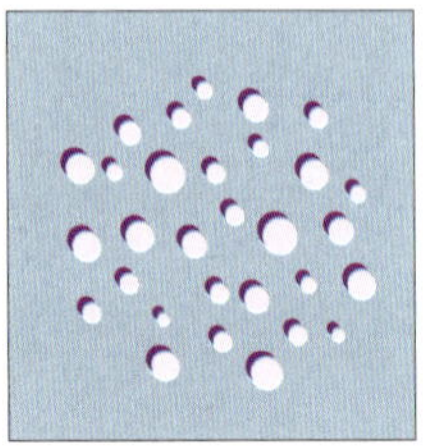

Akasa
Form: **abstrakt**
Farbe: **violett**
Chakra: **Hals**
Geschmack: **bitter**
Leidenschaft: **Einsamkeit**
Tätigkeit: **Gedanken**
Charakter: **leer**

Wenn Sie Ihre Sinne wecken wollen, können Sie auch Spaß und Spiel in Ihre Beziehung einführen, um sich und Ihren Partner zu erforschen. Lassen Sie Ihrer Phantasie freien Lauf. Nützen Sie Ihre Kreativität. Stellen Sie sich nackt einander gegenüber, ohne einander zu berühren. Nähern Sie sich Ihrem Partner, ohne ihn zu berühren, schließen Sie die Augen und fühlen Sie die Energie, die zwischen Ihnen fließt, wenn Sie atmen.

Geruch

Erforschen Sie den Partner mit der Nase, während Sie die Augen geschlossen halten. Riechen Sie an Haar und Schläfen, am Nacken, der Vertiefung zwischen den Brüsten, an Achseln, Rücken, Genitalien, Kniekehlen und Füßen. Achten Sie auf die feinen Unterschiede im Geruch der Haut und die Wirkung, die diese auf Sie haben.

Bewegung und Klang

Stellen Sie sich einander gegenüber, und ahmen Sie Bewegungen, Gesichtsausdrücke und Atemrhythmus des Partners nach. Gehen Sie erst auf den Füßen, dann auf allen Vieren um den Partner herum. Drücken Sie sich nur durch Geräusche, keine Worte aus: Ahmen Sie ein Tier nach, bewegen Sie sich und spielen Sie wie dieses Tier, und geben Sie dabei Töne von sich. Ein weiteres Spiel, das sehr lustig sein kann, ist die Unterhaltung mit dem Partner in einer Phantasiesprache. Drücken Sie in dieser Sprache Ihre Liebe und Ihre Wünsche aus, und beschreiben Sie, wie Sie Ihren Partner gerne lieben würden.

Es kann emotional sehr entspannend sein, auf diese Weise zu kommunizieren. Zudem erhalten Sie so die Möglichkeit, Ihre Gefühle ohne die Einschränkungen der Sprache auszudrücken.

Geschmack und Berührung

Experimentieren Sie mit Ihrer Zunge. Lecken Sie sanft Körper, Gesicht und Glieder Ihres Partners ab, und entdecken Sie die Unterschiede in Hautstruktur und Geschmack. Machen Sie dies spielerisch, und achten Sie dabei auf die Reaktion des Partners.

Erforschen Sie nun den Körper des Partners genau mit den Fingern. Dabei sollten Sie die Augen geschlossen oder verbunden haben. Massieren Sie Ihren Partner aber nicht (das können Sie später machen), sondern sehen Sie diese Erkundung als Möglichkeit an, den Partner durch Ihren Tastsinn zu »sehen«. Fühlen Sie mit den Fingern die Lippenkonturen, die Wimpern und die Struktur der Haut.

Bei all diesen Spielen ist es wichtig, kreativ zu sein und dem Kind in sich freien Lauf zu lassen. Gehen Sie immer ungehemmt und sinnlich vor, und stellen Sie sich vor, daß Sie die Wunder Ihrer Sinne zum ersten Mal erleben.

V

Vorbereitung auf den Liebesakt

Die Atmosphäre

Wenn Sie den Raum vorbereiten und bewußt und konzentriert harmonische Stimmung schaffen, so laden Sie den Raum und sich selbst mit der Energie auf, die Sie brauchen, um den Sex stärker zu erleben. Wenn Sie die richtige Atmosphäre schaffen, machen Sie sich frei für die tieferen Bande von Vertrauen, Intimität und Ausgelassenheit.

Die meisten Menschen, doch vor allem die Stadtbewohner stehen ständig unter Streß. Zudem werden wir mit ungewünschten Reizen überflutet, die uns von der Natur entfernen. Damit unsere Sinne sie abblocken können, werden sie immer unempfindlicher. Das führt – als Konsequenz von Streß und Abstumpfung – dazu, daß Sex zur Routine wird und wir ihn aus Antriebslosigkeit nicht mehr genießen können. Wenn Sex ein Zwang oder langweilig wurde oder Sie überhaupt keinen Sex mehr haben, werden Ihnen die folgenden Seiten helfen, die Flammen der Leidenschaft wieder zu wecken. Sie werden Ihnen zeigen, wie Sie zu Ihrem göttlichen Ursprung zurückfinden, Ihr wahres Ich entdecken und Sex zu einem Erlebnis für Körper und Seele machen können. Sie werden sehen, daß Körperkontakt ohne Penetration stimulierend und erotisch sein kann.

Vorbereitung des Raums

Männer und Frauen reagieren auf Reize unterschiedlich. In dem meisten Fällen sind bei Männern die sexuellen Reize vor allem visueller Natur, während Frauen eher auf die Umgebung und die Atmosphäre, also auf Musik, Beleuchtung, Gerüche und Farben reagieren. Da wir aber alle von unserer Umgebung beeinflußt werden, kann der richtige Ort für den Sex auch die Stimmung heben. Dieser Ort kann sowohl ein Raum in einem Haus oder einer Wohnung als auch ein Platz im Freien sein. Die Vorbereitung ist eine Einstimmung auf einen Akt der rituellen Liebe, Verehrung und Hingabe, bei dem Sie Ihren göttlichen Ursprung und Ihre Göttlichkeit ehren.

»Wenn wir die richtigen Mittel anwenden, können wir alle Ziele erreichen.« KAMA SUTRA

Wenn Sie den Raum bewußt vorbereiten, so schützen, säubern und reinigen Sie ihn. Auch die Atmosphäre in dem Raum wird vor positiver Energie vibrieren, die Sie und Ihr Partner während des sexuellen Akts aufnehmen und umwandeln können.

Körperliche und seelische Vorbereitung

Wählen Sie einen Zeitpunkt für den Sex und die Vorbereitung darauf, zu dem Sie sicher nicht gestört werden und die Energie mit der Ihres Partners harmonisch und ausgeglichen ist. Nachdem Sie den Raum vorbereitet haben, können Sie Ihre Sinne wecken und den Astralleib (siehe Seite 16) stimulieren, indem Sie sich Ihre Gefühle füreinander beschreiben. Diese Geständnisse können Körperbemalung, Tanz, ein Bad oder eine Massage umfassen und werden Sie körperlich, emotional und psychologisch auf die Befreiung durch sexuelle Ekstase vorbereiten.

Durch diese Rituale können Sie einen prosaischen Akt in ein spirituelles Erlebnis verwandeln, bei dem Bewußtsein und Kreativität ebenso stimuliert werden wie das Gefühl der Liebe und Ausgelassenheit. So erhalten Sie die Möglichkeit zu vergessen, wer Sie sind, und die verschiedenen Rollen, die Sie im Leben spielen, abzulegen, und die Gottheit in Ihnen kann hervortreten.

Baden und Massage

Ein gemeinsames Bad, bei dem Sie sich gegenseitig waschen, kann zu einem rituellen Akt der Säuberung und Läuterung werden. Das Wasser kann warm und mit duftenden ätherischen Ölen versetzt sein, oder es kann auch kalt sein und Körper und Geist beleben und beruhigen.

Eine Massage als Vorbereitung auf den Sex ermöglicht Ihnen, den Körper Ihres Partners genau zu erforschen und zu liebkosen. Bereiten Sie ein sinnliches Massageöl vor (siehe Seite 103), cremen Sie Ihren Partner damit ein, und benutzen Sie dann Ihre Hände, um den Körper des Partners zu stimulieren und zu entspannen sowie die Energien verschmelzen zu lassen. Tauschen Sie dann die Rollen und lassen Sie sich von Ihrem Partner massieren.

Kreativität und Phantasie

Sex kann viel spannender werden, wenn Sie Rollen spielen, sich verkleiden, Gesicht und Körper bemalen oder tanzen und singen. Benutzen Sie Ihre Phantasie, um sich in die lebende Gottheit in Ihnen zu verwandeln (siehe Seite 96). Lassen Sie nun die Gottheiten gemeinsam füreinander tanzen und die erotischen Gefühle und Wünsche durch Gesten und Bewegungen ausdrücken. So können Sie die Lebenskraft freisetzen, in den Körpern zirkulieren lassen, das Gefühl der Intimität steigern und eine harmonische Stimmung schaffen.

Jeder Mensch kann seine Phantasie beflügeln und für den ultimativ kreativen Akt nutzen. Wenn Sie Ihren Partner als schönste Gottheit in einem Universum Ihrer Phantasie betrachten, wird die sexuelle Vereinigung zu einer Ehrung der ewigen männlichen und weiblichen Prinzipien werden. Die richtige Atmosphäre ist das ultimative Vorspiel, bei dem Sinne, Körper und Geist langsam zu neuen Erlebnissen angeregt werden.

Liebesrituale

Auch wenn uns dies nur selten bewußt ist, so sind Rituale doch Teil unseres Lebens. Sie reichen von alltäglichen Handgriffen wie dem Ankleiden zu den einzigartigen Ereignissen wie Geburt, Tod und Hochzeit. Durch ein Ritual erhält eine Tätigkeit ihren Platz zugeordnet. Wenn also Sex zu einem Ritual wird, so kann er das spirituelle Bewußtsein heben, Sie von Zeit und Körper abheben und mit dem Universum eins sein lassen.

Ein Ritual zeichnet sich weniger durch die Tätigkeit als durch die dahinterstehende Absicht aus: Wenn Sie eine Handlung bewußt ausführen, wird daraus ein Ritual. Rituale waren und sind ein wichtiger Teil meiner tantrischen Ausbildung, und sie sind Teil meines Lebens. Sie machen mir bewußt, daß jeder Augenblick heilig und das Leben ein Geschenk ist.

Sexuelle Riten und Rituale werden in vielen alten Kulturen für vielerlei Zwecke eingesetzt. So dienen etwa Rituale zur Freisetzung von Emotionen und zur Umwandlung und Freisetzung von unerwünschten Charakteristiken unseres Wesens. Rituale können verwendet werden, um negative Energie zu kanalisieren und die männliche und weibliche Energie im Körper in Harmonie zu setzen.

Energie fließt in und aus dem Körper sowie um den Körper. Wir sind ein Teil dieser Energie, und wenn wir uns auf eine Handlung bewußt wie auf ein Ritual konzentrieren, schaffen wir eine Verbindung zu der Energie und steigern unser Bewußtsein. Rituale bieten Ihnen und Ihrem Partner die Chance, verborgene oder unterdrückte Gefühle auszudrücken. Sie können so die Energien ausgleichen, die in Ihrem Körper und zu Ihrem Partner fließen und Vertrauen aufbauen.

Für die Tantristen und Taoisten war Sex ein wichtiges Instrument, um Freiheit und Erleuchtung durch Selbsterkenntnis zu erlangen. Auch wir können heute viele dieser Elemente in den Sex einbauen. Baden, Yoga, Atmen, Massage, Meditation, der Austausch der Energien und die Schaffung eines heiligen Ortes sind Rituale, die dem Sex einen neuen, belebenden Aspekt verleihen.

Wenn Sie Rituale in den Sex einfließen lassen, ehren Sie sich und Ihren Liebhaber mit einer Zeremonie. Dazu gehört, daß Sie die Gottheiten in sich freisetzen, die Ihre Persönlichkeit und Ihr körperliches Leben durchziehen. So können Sie das Wechselspiel der Energien im Astralleib erleben und Körper und Sexualität zu einem Motor für die Verwandlung machen.

Planung des Rituals

Rituellen Sex sollte man im voraus planen. Wählen Sie einen Tag und eine Zeit, zu der Sie alleine und ungestört sind, und beginnen Sie zumindest 48 Stunden vorher, sich auf die Energie des Partners einzustellen. Sie können gemeinsam meditieren oder Yoga machen oder auch dieselben Speisen essen.

Laut hinduistischen Texten ist die beste Zeit für rituellen Sex bei Vollmond oder am Tag der Sommer- oder Wintersonnenwende (Vorsicht vor Überreizung, denn die Energie ist an diesen Tagen sehr stark). Die beste Zeit ist laut diesen Texten zwischen sieben Uhr abends und Mitternacht sowie zwischen Mitternacht und zwei Uhr.

Durchführung des Rituals

Rituale können den Sex heiter und spielerisch machen, und sie eignen sich, um die erste gemeinsame Nacht zu feiern oder einer langen Beziehung neue Impulse zu verleihen. Sie können die folgenden Vorschläge als Anregung für ein Ritual nutzen oder Ihr eigenes erfinden. Da ein Ritual keine spezielle Form haben muß, stehen Kreativität und Spaß im Vordergrund.

Wenn Sie den heiligen Ort geschaffen haben (siehe Seite 100), können Sie ein gemeinsames Bad nehmen und symbolisch negative oder unerwünschte Energie vom Körper und Astralleib abwaschen. Der Mann sollte dann seine Schakti (siehe Seite 14) mit duftenden Ölen wie Jasmin, Rose, Sandelholz oder Moschus salben. So wird ihr Wurzelchakra (siehe Seite 19) stimuliert, dessen Element, die Erde, mit dem Geruchssinn assoziiert wird.

Nun können Sie einander die Gesichter bemalen, oder der Mann kann einfach seiner Schakti einen roten Punkt zwischen den Augenbrauen aufmalen. Er kennzeichnet und öffnet so ihr »drittes Auge«. Sitzen Sie dann einander gegenüber, halten Sie sich bei den Händen, und atmen Sie gemeinsam. Fühlen Sie, wie die Energie durch die Hände zirkuliert. Lassen Sie den Atem zu einem sanften Summen werden, oder wiederholen Sie ein Mantra.

Der Mann kann dann verschiedene Körperteile seiner Schakti rituell berühren, küssen oder durch Töne zum Vibrieren bringen. Sie kann für ihren Schiwa (siehe Seite 14) tanzen und den Tanz als erotischen und sinnlichen Initiationsritus einsetzen, um höheres Bewußtsein zu erlangen. Sie können ein rituelles Geschenk austauschen oder einander mündlich erklären. Nehmen Sie sich Zeit, genießen Sie jeden Augenblick, betrachten und berühren Sie Ihren Partner wie beim ersten Mal. Wenn beide bereit sind, kann Schiwa seine Schakti um Einlaß in ihren heiligen Tempel bitten.

Nun sind Sie die Götter, die im Himmel regieren, und können frei von Sorgen, Ängsten und Zweifeln die göttliche Union von Schiwa und Schakti genießen.

Innere Gottheit

Indem Sie die Gottheit in Ihrem Partner verehren, können Sie die Göttlichkeit in sich ehren und wecken. Ehren Sie das ewige weibliche Prinzip, das vom Mann verkörpert wird, und das ewige männliche Prinzip in der Frau, und vergessen Sie nie, daß Sie sich im Partner wiederfinden.

Verehrung in jeder Form hilft, sich zu konzentrieren, die Energie zu leiten (siehe Seite 128) und sich die göttliche Herkunft bewußt zu machen. Sex wird zu einem heiligen Akt, wenn Sie den Körper als heiligen Tempel betrachten, als einen Ort, an dem Sie mit Ihrer Natur und Ihrem wahren Ich vereint sind.

Finden Sie Ihr wahres Ich
Indem Sie beim Sex Ihre göttlichen Aspekte ausspielen, können Sie und Ihr Partner das wahre Ich finden und es ineinander wecken.

Stellen Sie sich vor, daß Ihr Partner eine lebende Gottheit ist. Wie verhalten Sie sich in Gegenwart einer Gottheit? Wie liebt man eine Gottheit? Wie können Sie Ihrem Partner zeigen, daß Sie ihm dienen möchten? Die Antwort muß spontan sein und direkt aus dem Herzen kommen. Sie sollen sich nicht dem Willen eines Übergeordneten unterwerfen, sondern dem echten Verlangen zu lieben und zu dienen nachgeben.

Wenn Sex zu einem Akt der Verehrung wird, schließen Sie die Augen und vergessen Sie, wer Sie sind. Vergessen Sie Ihr Gesicht, Ihr Alter, Ihre Geschichte und Ihren Glauben. Vergessen Sie, wo Sie sich befinden, und befreien Sie sich von der Zeit. Dieser Akt ist ein Geschenk für Sie und Ihren Partner. Folgen Sie daher Ihrer wahren Natur, Ihrem göttlichen Aspekt.

Gottheit offenbaren

Als ersten Schritt müssen Sie beide die Gottheit in sich loslassen. Stellen Sie sich einen imaginären Ort vor, an dem Sie sich mit dem mysteriösen Fremden in sich, der die Geheimnisse und die Kunst der Liebe kennt, treffen und verbinden. An diesem Ort werden Sie die Ewigkeit erfahren. Versetzen Sie sich in die Gestalt einer Gottheit, und nehmen Sie deren Haltung, Ausdruck und Atem an. Sie können die Wirkung noch zusätzlich durch Kleidung (binden Sie sich weiche, natürliche Stoffe um den Körper), Schmuck und Make-up steigern.

Öffnen Sie die Augen weit, und verbinden Sie sich mit der Gottheit, die aus dem Partner wurde, als ob Sie ihn zum ersten Mal sehen würden. Bewundern, berühren und liebkosen Sie den Körper.

Seien Sie kreativ, spielen Sie, haben Sie Spaß. Stellen Sie sich den Körper des Partners als Yantra vor (siehe Seite 129), erforschen und berühren Sie ihn demütig und ehrfurchtsvoll, und wecken Sie alle Sinne in der Gegenwart des göttlichen Partners.

Drücken Sie Ihre Liebe und den Respekt füreinander mit sanften Worten und einfachen Gesten aus. Verschränken Sie etwa die Hände wie zum Gebet nahe am Herzen. Beugen Sie den Kopf demütig und dankbar, ehren und feiern Sie die Göttlichkeit des Partners.

Sexuelle Magie

Als Gottheit haben Sie die unbeschränkte Möglichkeit, sexuelle Magie zu bewirken. Wir alle haben das Potential, verschiedene sexuelle Rollen, die alle Aspekte der menschlichen Gefühle widerspiegeln, zu spielen, verschiedene Klischees zu verkörpern oder Verhaltensformen darzustellen. Rollenspiele geben dem Partner die Möglichkeit, alle Klischees der menschlichen Psyche auszuspielen, die oft unterdrückt werden und ihren Ausdruck verlangen. Mit Bewußtsein, Sensibilität und der bewußten, konzentrierten Anstrengung ist es möglich, ekstatische Erlebnisse zu schaffen, durch die Sie die Welt und die Stufen des Lebens klarer sehen.

Durch dieses Rollenspiel können Sie die Gottheit in sich darstellen und erotische Szenen schaffen, die das Zusammenspiel zwischen den beiden Gottheiten beschreiben. Oder Sie können mit Ihrem Partner Rollen tauschen, um die polaren Gegensätze im Inneren zu erforschen.

Rollentausch

Der Rollentausch ist ein wichtiges Instrument, um der weiblichen oder männlichen Energie in Ihrem Inneren Ausdruck zu verleihen. Die Frau kann sich vorstellen, daß sie den Penis ihres Partners hat, und so ihre männlichen Qualitäten ausspielen; der Mann kann seine weiblichen Qualitäten und Aspekte hervorkehren, die passive Rolle spielen und seiner Partnerin die Initiative überlassen. Spielen Sie die fremde Rolle ohne Scham und Hemmungen, doch achten Sie auf die Energie des Partners, damit die Harmonie gewahrt bleibt, wenn Sie die Rollen tauschen.

Dieses Rollenspiel bereitet die Liebenden auf die ursprüngliche und ultimative Verbindung von Schiwa und Schakti vor (siehe Seite 14). Der Atem ist die Musik, die Bewegungen der Tanz, der Gesichtsausdruck der Schmuck, die süßen Säfte des Körpers das Parfüm und der Geschmack des Liebhabers ein starkes Elixir.

Beziehen Sie die Energie aus dem Wurzelchakra, wecken Sie Kundalini Schakti, und stimulieren Sie jedes Chakra einzeln, bis Sie das Kronenchakra erreichen (siehe Seite 20). Spüren Sie dann die Wonne der Ekstase, die in jeder Körperzelle vibriert, während die Energie vom Kronenchakra nach unten und über die Wirbelsäule wieder nach oben strömt. Lassen Sie die sexuelle Energie kreisen, austauschen und verändern, bis sie sich aus der körperlichen in eine mystische und spirituelle Dimension erhebt. Stärken Sie die Bande der Liebe, des Vertrauens und der Intimität.

Körperschmuck

Durch Experimente mit Körperschmuck können Sie auf heitere, phantasievolle Weise Ihre Kreativität wecken. Als Vorbereitung auf rituellen Sex kann Körperschmuck stark stimulieren.

Make-up, Schmuck, Körpermalerei, Tätowierungen und Piercings spielen bei den sexuellen Ritualen in aller Welt eine große Rolle. Hier stehen bestimmte Farben und Schminktechniken für bestimmte Gefühle und Energien.

Verwenden Sie möglichst Naturkosmetik, die Sie mit den Fingern oder einem weichen Pinsel auftragen. Arbeiten Sie sorgfältig und konzentriert, und nutzen Sie die Ornamente zu kreativer Meditation. Lassen Sie der Phantasie freien Lauf, wenn Sie Ihren Partner mit schönen Figuren oder Symbolen verwandeln. Oder ziehen Sie einfach mit Farben Augen und Mund nach und zeichnen dann in dem Bereich zwischen den Augenbrauen das »dritte Auge« des erwachten Bewußtseins ein.

Der Einsatz von Farben

Farben können verschiedene Gefühle wekken. So ist Rot erregend, Gelb stimmt fröhlich, Blau und Grün sind beruhigend, und Violett stimuliert die Chakren und fördert das spirituelle Bewußtsein. Wenn Sie verschiedene Make-up- und Körperfarben auf unterschiedliche Körperteile auftragen (oder sie mit Symbolen bemalen), so hat dies einen ästhetischen und psychologischen Effekt, der die Energie in diesen Bereichen ankurbelt und sammelt. Schmücken Sie Nabel, Herz, Brüste, Brustwarzen, Hals, Hände und Füße. Dies sollte ein verführerisches, sinnliches, ästhetisches und phantasievolles Erlebnis sein, das der Beziehung eine stärkere intime und verspielte Note gibt.

Malen und bemalt werden kann sehr aufregend und stimulierend sein, da Sie einander in einem neuen Licht sehen und Ihre Beziehung tiefer und stärker machen.

Schmuck

Wenn Sie keine Körperfarben und kein Make-up haben oder wenn Sie diese nicht verwenden wollen, können Sie den nackten Körper mit Blumen oder ausgewähltem Schmuck verzieren. Schmuck und Körpermalerei ziehen die Blicke auf sich. Man kann damit die Länge oder Form des Nabels oder Schwingung und Bewegung der Hüften betonen.

Sie können das erotische Empfinden des Partners stimulieren, indem Sie sich etwa mit Halsbändern, Kopfschmuck, Ohrringen, Armbändern, Gürteln, Ringen auf Zehen und Fingern und Fußkettchen schmücken. Oder Sie können ein einzelnes Stück auswählen, das eine spezielle Bedeutung hat, es mit einem natürlichen Öl säubern oder in süß duftendem Weihrauch reinigen. Bitten Sie dann Ihren Partner, Ihnen diesen Schmuck anzulegen, und genießen Sie beide die starke Magie, die davon ausgeht.

Tanz

Tanz ist eine Kunstform, die eng mit den Liebeskünsten verwandt ist. Er ist ein Mittel der nonverbalen Kommunikation, ein Rhythmus, der über die gesprochene Sprache hinausgeht und sich durch Bewegungen, Gesten und Gefühle ausdrückt. Der Tanz kann auch ein dynamisches Mittel zur Meditation sein, das Gefühle heraufbeschwört und lenkt. Er kann Bereiche in Ihnen aufdecken und ausdrükken, die tief im Inneren verborgen liegen und nur auf Ihre Erweckung warten.

In jedem Menschen schlummern Tänze, die Gefühle und Emotionen ausdrücken, feiern und gefangennehmen. Mit dem Körper beginnt sich auch der Geist zu lösen, und man bewegt sich nicht mehr im Tanz – der Tanz bewegt den Körper. Geben Sie sich der Leidenschaft, der Sexualität, einer neuen Stufe des Verstehens und der Wahrheit hin.

Im Tantrismus ist Sex ein Tanz: Der Atem und die Klänge der Liebe sind die Musik, der Herzschlag der Rhythmus. Damit der Sex auch bei Ihnen über das materielle und körperliche Erleben hinaus zu einem spirituellen Ereignis wird, müssen Sie sich selbst völlig ohne Hemmungen, Schuld oder Scham aktzeptieren. Tänze können dies erleichtern.

Wählen Sie die Musik, die Ihrem Seelenzustand entspricht, und versuchen Sie, nur einzelne Körperteile zu bewegen. Beginnen Sie bei den Füßen und gehen Sie bis zum Kopf nach oben. Lassen Sie verschiedene Körperteile den Rhythmus angeben. Tanzen Sie, bis Sie entspannt sind, und lassen Sie beim Tanzen Gesicht und Kiefer locker. Atmen Sie durch den Mund. Sie und Ihr Partner können alleine oder gemeinsam oder abwechselnd alleine und miteinander tanzen. Eine weitere Möglichkeit ist, gegenüber zu tanzen und die Bewegungen möglichst genau nachzuahmen. Drücken Sie jedoch bei jedem Tanz die subtile erotische Energie und die Gefühle durch Bewegungen aus. Der Tanz wird so zu einer Art Vorspiel und Ritual, das die Liebe stärkt.

Erotik heraufbeschwören

Der Tanz ist eine kreative Ausdrucksform, bei der die Körperbewegungen eine Geschichte erzählen, Empfindungen ausdrücken oder Erotik heraufbeschwören können.

Schaffen eines heiligen Orts

Wenn Sie einen heiligen Ort für den rituellen Sex suchen, sollten Sie eine spirituelle Umgebung wählen. Der Ort sollte zu einem »Himmel auf Erden« werden, an dem Sie und Ihr Partner die göttlichen Aspekte in sich verehren und zu einer Einheit verschmelzen können.

Blumen
Legen Sie die Blüten frischer, duftender Blumen in eine Wasserschale, und verwandeln Sie den heiligen Ort in ein duftendes Paradies.

Umwandlung

Lassen Sie Ihrer Phantasie freien Lauf, und verwandeln Sie Ihre Umgebung in einen Ort, an dem alle Ihre Sinne in natürlicher Harmonie mit Ihrem Geist stehen. Achten Sie auf Details, und arrangieren Sie die Objekte so, daß Sie leicht den Geruchs-, Tast-, Hör-, Geschmacks- und Sehsinn wecken können.

Räumen Sie auf, und putzen Sie den Ort so sorgfältig, wie Sie Ihren Körper reinigen würden. Zünden Sie Kerzen anstatt der elektrischen Beleuchtung an, da diese der Haut schmeicheln und das Element Feuer in Ihr Ritual einbringen. Drapieren Sie Tücher über scharfe Kanten, halten Sie viele weiche Kissen bereit, damit Sie den Körper in den verschiedensten Stellungen bequem abstützen können, und heizen Sie den Raum, damit Ihnen nackt nicht kalt ist.

Bereiten Sie »Häppchen« vor, die Sie dem Partner und den Gottheiten in sich anbieten können. Sie können Teller mit frischen Früchten oder anderen sinnlichen Speisen aufstellen und frisches Wasser oder vielleicht ein oder zwei Gläser Wein einschenken.

Schaffen Sie mit Farben Stimmung: Rot, Orange und Purpur stimulieren, Dunkelblau und Violett entspannen, und Grün heilt. Mit Spiegeln kann man den Raum vergrößern und dem Sex eine zusätzliche erotische Dimension verleihen.

Weihrauch, Kräuter und ätherische Öle wie Jasmin, Rose, Ylang-Ylang, Sandelholz, Rosmarin, Lavendel, Mandarine und Patschuli können Körper und Geist beruhigen und stimulieren. Sie sind ein wesentlicher Teil des tantrischen Rituals. Experimentieren Sie mit ätherischen Ölen, um verschiedene Stimmungen zu schaffen, mischen Sie die Öle mit Wasser und besprühen Sie damit den Raum, die Bettlaken oder Kissen. Wenn Sie etwas Salbei oder Weihrauch verbrennen, reinigen Sie den Ort, geben ihm Schutz und schaffen eine harmonische Atmosphäre, die Herz und Seele erfreut. Dekorieren Sie den Raum mit frischen Blumen, binden Sie füreinander Girlanden oder liebkosen Sie mit den Blumen den Körper des Partners. Oder lieben Sie sich auf einem Blumenteppich.

Es gibt unendlich viele Möglichkeiten, einen heiligen Ort zu schaffen und die Erotik in der Liebe zu steigern. Verwenden Sie möglichst natürliche Materialien, und schaffen Sie einen sicheren, heiligen Ort, der alle Sinne anspricht und von dem eine Atmosphäre ausgeht, die den Geist erfreut, das Herz entzückt und die Seele berührt.

Baden

Ein Bad kann Ihr körperliches und seelisches Wohlbefinden stark steigern und so auch den Sex verbessern, da Sie beide wissen, daß Geist und Körper rein sind und Sie den Körper des Partners ohne Einschränkungen erforschen können.

Das Bad ist jedoch nicht auf Wasser beschränkt. Im Taoismus ist das Wasserbad eine der fünf Badepraktiken. Die anderen sind Luft, Sonne, Feuer und Schlamm. Jede davon spricht Körper und Geist auf verschiedene Weise an. So zieht man sich für ein Luftbad einfach nackt aus. Es ist eine sehr befreiende Erfahrung, nackt zu sein und die Nacktheit zu genießen.

Für ein Sonnenbad benötigt man Sonnenlicht, dessen Energie den Körper nährt. Zwar darf man den Körper nicht zu starker Sonnenstrahlung aussetzen, doch ist bereits schwache oder indirekte Sonne eine Wohltat. Der Körper nimmt genug Energie aus dem indirekten Sonnenlicht auf, das der Schatten eines Baumes oder Schirms bietet.

Ein Feuerbad heilt wunderbar. Es hilft gegen Muskelverspannungen und lindert Schmerzen bei Verstauchungen, Arthritis und anderen Erkrankungen. Auch wenn ein Feuerbad nicht so dramatisch ist, wie der Name vermuten läßt, so ist doch Vorsicht geboten. Geben Sie etwas Alkohol in ein kleines, feuerfestes Gefäß und zünden Sie ihn an. Fassen Sie rasch die Flamme mit der Hand, und fangen Sie die Wärme ein. Legen Sie sie dann mit der Hand auf den Körperteil, den Sie heilen möchten.

Schlammbäder reinigen die Haut porentief und versorgen den Körper mit Mineralien. Reiben Sie den Körper vorsichtig mit einer Handvoll Schlamm oder feuchtem Sand ein, um die Durchblutung zu fördern und die Haut zu peelen. Danach abwaschen.

Sinnliches Bad
Das Bad wird sinnlicher, wenn Sie den Raum mit Kerzen beleuchten und duftende Badeöle verwenden. Wenn Sie ätherische Öle in einer Duftlampe erwärmen, wird der Raum bald zart duften.

Sinnliche Massage

Die Massage ist eine der Liebeskünste. Eine Massage kann nicht nur entspannen und heilen, sie ist auch ein wunderbares Vorspiel für den Geschlechtsakt. Bei der Massage können Sie den Körper des Partners erforschen und das Gefühl erleben, ihn auf sinnliche Art zu heilen, zu entspannen und zu stimulieren. Sie hilft Ihnen, sich auf den Partner einzustellen, den Energiefluß auszugleichen und sich und Ihren Partner vorzubereiten.

Berührung und Massage

Wir alle brauchen Berührung. Bereits ab dem Moment der Geburt beeinflußt unsere Erfahrung mit der Berührung unsere köperliche und seelische Entwicklung. Berührung ist eine Sprache, ein intimes Gespräch zwischen zwei Menschen und ein wichtiger Teil der Liebeskunst. Einige Menschen haben Probleme mit der Berührung, doch kann man das Vertrauen und die Akzeptanz durch eine gefühlvolle Massage steigern.

Die Massage löst Spannungen und Blockaden, läßt die Energie frei durch den Körper fließen und fördert Gesundheit, Ausgeglichenheit und ein erfüllteres Sexualleben. Meiner Meinung nach sollte jeder einmal eine professionelle Massage erfahren. Die Massage hilft Ihnen, den Körper bewußt zu fühlen und Muskelverspannungen zu lösen, und sie gibt Ihnen eine Vorstellung davon, welche Griffe Sie bei Ihrem Partner anwenden können.

Geben und Empfangen

Machen Sie ein liebevolles Ritual aus der Massage, die Sie Ihrem Partner schenken, und vergessen Sie nicht, daß es ebenso angenehm sein kann, jemanden zu massieren, wie massiert zu werden. Bereiten Sie erst sich und den Raum vor, und geben Sie Ihrem Partner die Möglichkeit, ein warmes, gelöstes und entspanntes Bad zu nehmen, während Sie alles bereit stellen.

Der Raum muß warm und gemütlich sein, damit Ihr Partner entspannen kann und ihm nicht kalt wird, wenn er bei der Massage nackt ist. Für die Massage eignet sich vielleicht der Boden am besten, da er dem Druck standhält und Sie alle Körperbereiche problemlos erreichen können. Schaffen Sie einen möglichst bequemen Bereich, indem Sie Decken auflegen und ein Tuch darüber breiten, damit das Massageöl keine Spuren hinterläßt.

Zünden Sie kurz vor der Massage Kerzen an, und besprühen Sie den Raum mit einer Mischung aus Wasser und einigen Tropfen ätherischem Öl.

Verlassen Sie sich bei der Massage auf Ihre Intuition, und wenden Sie sich den Körperteilen zu, die besondere Aufmerksamkeit erfordern. Dabei ist es wichtig, daß Sie immer beiden Körperhälften gleich große Aufmerksamkeit schenken.

Wenn der Partner die Massage richtig genießen soll, muß er langsam und tief atmen und die Spannung aus dem Körper lassen, sobald die Griffe ihre Wirkung tun. Dabei ist es wichtig, sich völlig dem neuen Gefühl hinzugeben und die Empfindungen durch zustimmende Laute auszudrücken. Diese Laute werden Sie ermutigen, da sie zeigen, daß Ihr Partner die Massage genießt und sie ihm guttut. Grundsätzlich sollten Sie beide während der Massage nicht sprechen. Wenn Sie aber Ihren Partner das erste Mal massieren, ist es von Vorteil, wenn Sie fragen, welche Bereiche Sie massieren sollen und ob Sie zu fest oder zu sanft massieren.

Massageöle

Durch die Massageöle können Ihre Hände in gleichmäßigen Strichen über den Körper des Partners gleiten. Sie können bereits fertige Massageöle verwenden oder selbst welche herstellen, indem Sie einige Tropfen ätherisches Öl mit einem Trägeröl wie einem Pflanzen-, Mandel- oder Süßmandelöl mischen. Experimentieren Sie mit verschiedenen Aromen. Als ätherisches Öl eignet sich Lavendel, Ylang-Ylang, Rosmarin, Kamille, Patschuli, Rose, Zeder oder Rosenholz.

Wärmen Sie das Öl, indem Sie die Flasche in warmes Wasser stellen, und achten Sie darauf, daß Ihre Hände bei der Massage warm sind. Verteilen Sie etwa einen Teelöffel Öl in den Handflächen. Tragen Sie dann das Öl mit den Händen auf dem Körperteil auf, den Sie massieren möchten.

Kerzen, Weihrauch und ätherische Öle

Kerzen geben ein weicheres, romantischeres Licht als elektrische Beleuchtung. Weihrauchduft verleiht der Luft eine exotische Note. Das Aroma ätherischer Öle hat körperliche und psychologische Auswirkungen auf alle, die an der Massage beteiligt sind.

Massagetechniken

Es ist wichtig, daß Sie mit gleichmäßigen, fließenden Bewegungen massieren. Während der gesamten Massage sollten Sie immer mit einer Hand Körperkontakt mit Ihrem Partner haben. Experimentieren Sie mit verschiedenen Geschwindigkeiten und unterschiedlichem Druck, bis Sie den richtigen Rhythmus finden und die Bewegungen ineinanderfließen.

Einige der Grundgriffe einer Massage werden hier vorgestellt. Lassen Sie sich bei der Auswahl der Griffe für die verschiedenen Körperteile von Ihrer Intuition und Ihrem gesunden Menschenverstand leiten. Achten Sie auf die Reaktion Ihres Partners, und passen Sie Art, Geschwindigkeit und Druck der Striche an.

Es ist wichtig, daß Sie sich auf die Massage vorbereiten. Machen Sie einige tiefe Atemzüge. Leiten Sie die Energie in die Hände, indem Sie Arme und Finger schütteln. Öffnen und schließen Sie dann die Hände, als ob Sie etwas greifen würden, um die Energiezentren zu öffnen. Da die Absicht hinter einer Massage ebenso wichtig ist wie die Technik, müssen Sie selbst wissen, was Sie bezwecken und dies durch Ihre Hände dem Partner vermitteln. Sagen Sie laut oder leise eine Beschwörungsformel, und bitten Sie darum, daß die heilende Energie durch Ihre Hände auf den Partner übergeht.

Streichen

Gleiten Sie in langen Strichen mit beiden Handflächen über den Körper Ihres Partners. Folgen Sie dabei den Kurven und der Hautstruktur. Bewegen Sie dann die Hände in großen Kreisen über den Körper. Diese Technik eignet sich besonders für den Oberkörper (und die Schultern) sowie das Gesäß und hilft, das Massageöl gleichmäßig zu verteilen.

Hacken

Diese stimulierende Massage fördert die Durchblutung. Dabei klopfen Sie mit den Handkanten (rechts) oder den Knöcheln (ganz rechts) in kurzen, schnellen Bewegungen auf den Körper, so daß die Hände sanft abspringen.

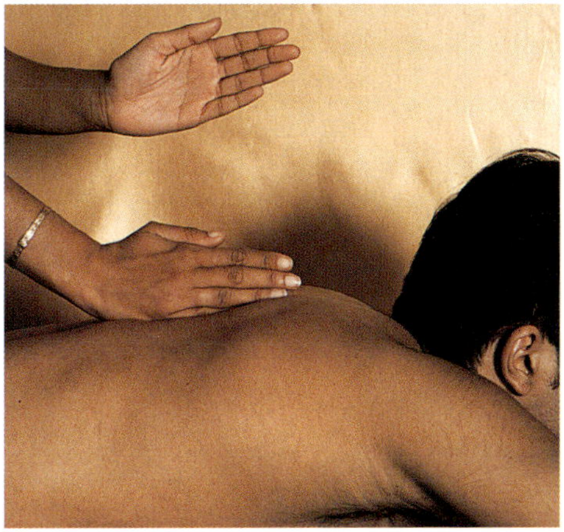

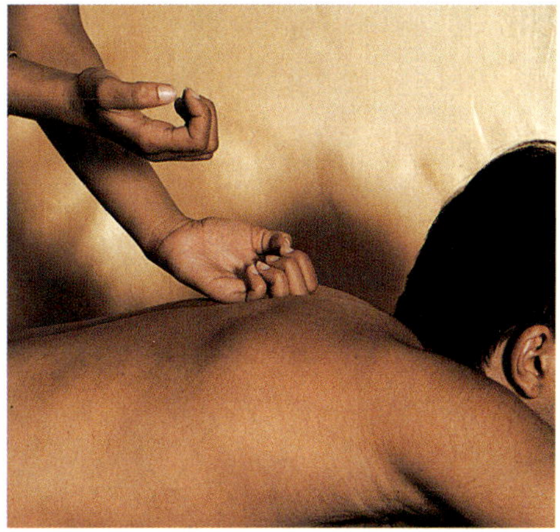

Fingerstreichen

Bei dieser Technik streichen Sie sanft mit den Fingerspitzen über die Haut des Partners. Je sanfter Sie ihn berühren, desto stärker ist die Wirkung. Dieser Griff wirkt auf einer energetischen, nicht muskulären Ebene. Fingerstreichungen sind ein angenehmes Erlebnis und eine sanfte, doch stimulierende Art, um eine Massage zu beenden.

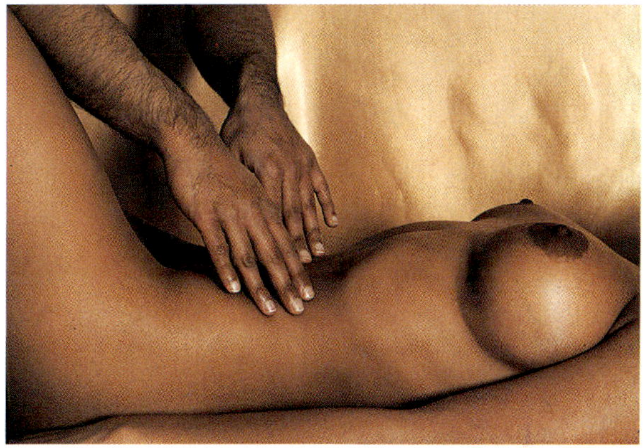

Knöchelmassage

Bei dieser Technik drückt man mit den Knöcheln fest auf die Haut, um tiefe Muskelspannungen zu lösen. Dieser Griff eignet sich vor allem für die muskulären Körperpartien wie das Gesäß.

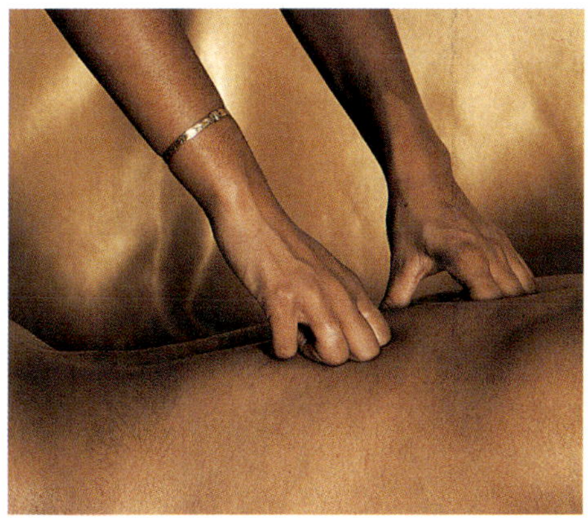

Wie man eine Massage gibt

Man beginnt eine Massage am Rücken, massiert erst den gesamten Torso, geht dann auf die kleineren Bereiche wie Schultern, Kreuz und Gesäß über und massiert schließlich entlang der Wirbelsäule. (Drücken Sie aber nie direkt auf die Wirbelsäule!) Massieren Sie nun die Rückseite der Beine erst aufwärts und abwärts, dann bis zu den Füßen.

Bitten Sie dann den Partner, sich umzudrehen, und massieren Sie Schultern und Nacken. Arbeiten Sie sich nun über die Arme, Handgelenke, Hände und Finger bis zum Brustbereich vor. Machen Sie erst lange Kreisbewegungen um den Bauch und nach oben entlang der Seiten, und massieren Sie dann die Vorderseite der Beine. Streichen Sie über Kopfhaut, Gesicht und Ohren, und beenden Sie die Massage mit langen, fließenden Strichen.

Schultern und Rücken
Massieren Sie erst den ganzen Torso mit langen Strichen von den Schultern nach unten zum Gesäß und wieder hinauf. Konzentrieren Sie sich dann auf einzelne Bereiche wie die Schultern.

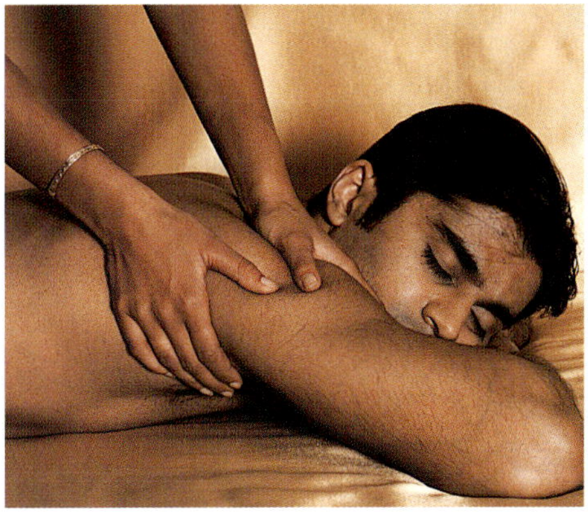

Arme

Massieren Sie die Arme, während der Partner auf dem Rücken liegt. Arbeiten Sie von den Schultern nach unten, und konzentrieren Sie sich auf die Muskelpartien wie den Bizeps. Beenden Sie die Massage an den Handgelenken und den Händen.

Kopf

Massieren Sie die gesamte Kopfhaut fest mit den Fingerspitzen. Fahren Sie dann bei der Stirn fort, und massieren Sie über das Gesicht zum Kinn und von der Mitte zu den Seiten hin.

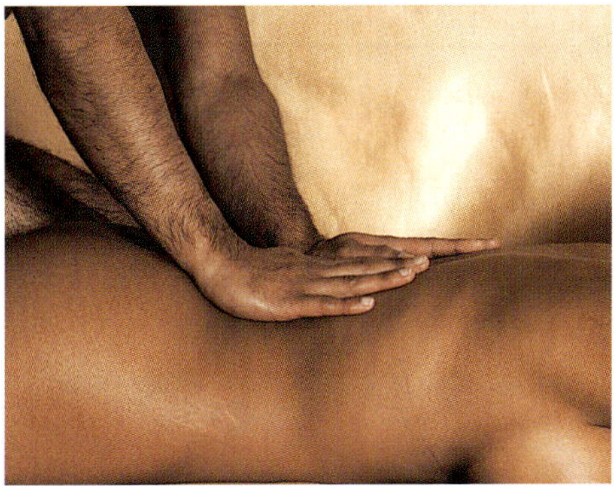

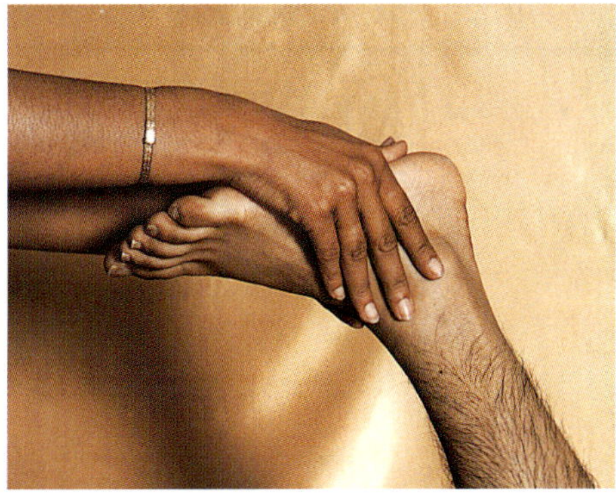

Ausstreichen

Beenden Sie die Massage, indem Sie den Körper mit langen, fließenden Strichen und sanften Fingerstreichungen wieder verbinden. Lassen Sie dann die Hände einige Augenblicke lang auf dem Körper des Partners liegen, um die Energien zu harmonisieren.

Fussmassage

Beginnen Sie die Fußmassage, indem Sie Ihre Knöchel fest auf die Fußsohle drücken und mit kleinen Kreisbewegungen bedecken. Massieren Sie dann nochmals mit den Daumen. Biegen Sie dann die Zehen vorsichtig vor und zurück, und massieren Sie den Fußrücken mit den Daumen, bevor Sie zu den Vertiefungen zwischen den Sehnen übergehen. Stützen Sie den Fuß mit einer Hand ab, und lassen Sie die Daumenspitze der anderen Hand fest entlang der Vertiefung vom Sprunggelenk zu der Zehe gleiten. Massieren Sie aber nie das Sprunggelenk oder Knochen!

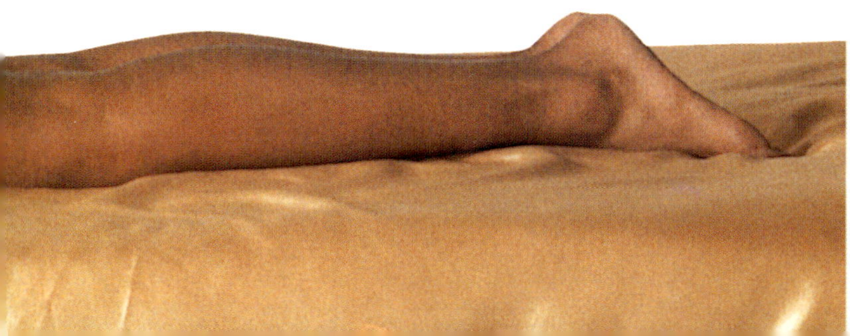

Vorspiel

Wie beim Orgasmus und der Ejakulation sind auch beim Sex weder Zwang noch Eile angebracht. Wenn Sex ein wirklich befriedigendes und befreiendes Erlebnis sein soll, müssen Stimmung, Körper und Astralleib beider Partner in Harmonie stehen. Die erreicht man durch das Vorspiel.

Die meisten Frauen benötigen ein gutes Vorspiel, um stimuliert und erregt zu werden, da sie den Höhepunkt generell langsamer erreichen als Männer. Wenn ein Mann seine Partnerin nicht leicht befriedigen kann, können Vor- und Nachspiel (siehe Seite 138) dazu beitragen, die Reaktion der Partnerin zu steigern und die verschiedenen Stufen der Erregung auszugleichen.

Erregen einer Frau

Wollen Sie Ihre Partnerin erregen, streicheln und liebkosen Sie sanft ihr Haar und Gesicht. Streichen Sie weiter von den Augen auf einer Seite des Körpers nach unten. Küssen, lecken und atmen Sie sanft auf und um die Augen, fahren Sie auf Wangen, Mund, Ohren, Hals, Schultern und Brüsten fort. Zwar sind Brüste und Brustwarzen nicht immer gleich empfindlich, doch erregt es manche Frauen sehr, wenn man ihre Brüste küßt, daran leckt und sie liebkost. Das kann den Fluß der Scheidensekrete auslösen.

Kreisen Sie mit der Zungenspitze um den Nabel, küssen, lecken und liebkosen Sie nach den Brüsten den Bauch, küssen und massieren Sie dann die Füße, und kommen Sie über ein Bein wieder nach oben zu den Genitalien. Stimulieren Sie die Klitoris und die Vulva mit Mund (siehe Seite 112) und Händen, doch achten Sie auf die Reaktion Ihrer Partnerin, da manche Frauen manuelle Stimulation nicht mögen.

Lassen Sie Ihre Phantasie spielen, und massieren, liebkosen oder streicheln Sie Ihre Partnerin mit verschiedenen Körperteilen. Sie können etwa ihre Hände mit Mund, Zunge und Fingern wie bei einer Art sicherem, oralem Sex lieben. Frauen zeigen oft an, wo man sie berühren soll, indem Sie Hände oder Augen auf den betreffenden Bereich lenken. Beobachten Sie Ihre Partnerin daher genau, und küssen oder berühren Sie sie an diesen Stellen – Sie werden merken, ob es ihr gefällt!

Das Vorspiel sollte mindestens 20 Minuten dauern und kann eine Frau bis auf die vierte Ebene des Orgasmus erregen (siehe Seite 35).

Erregen eines Mannes

Die meisten Männer finden es sehr angenehm, wenn man sanft ihre Hoden oder das Skrotum berührt, leckt oder daran saugt. Allerdings sollten Sie vorsichtig sein und auf die Reaktion Ihres Partners achten. Manche Männer mögen es nicht, wenn man ihre Hoden berührt, und vielleicht muß Ihr Partner erst Vertrauen gewinnen, bevor er Ihnen dies gestattet.

Genießen Sie das Gefühl des völligen Körperkontakts, und stimulieren Sie seinen Körper mit verschiedenen Teilen Ihres Körpers, bevor Sie seinen Penis berühren. Wie Sie den Penis stimulieren, hängt vor allem von Ihren und seinen Vorlieben ab, doch sollten Sie beachten, wie empfindlich und wie stark erregt Ihr Partner ist.

Berühren Sie den ganzen Penis sanft oder fest, oder drücken Sie sanft auf den Ansatz, indem Sie ihn mit Daumen und Zeigefinger umschließen. Benetzen Sie dann die Eichel mit Speichel, und lassen Sie die Finger sanft vor- und zurückgleiten. Danach umfassen Sie die Hoden mit einer Hand und halten den Penis in festem, doch sanftem Griff. Lassen Sie die Hand sanft über den Schaft hinauf und hinunten gleiten, und passen Sie Rhythmus, Geschwindigkeit und Druck der Bewegungen seiner Reaktion an.

Gegenseitige Erregung

Verwöhnen Sie sich während des Vorspiels abwechselnd, doch halten Sie immer mit den Händen Kontakt zu Ihrem Partner. Lassen Sie die Hände ständig über den Körper Ihres Partners gleiten, um an möglichst vielen Punkten Körperkontakt zu ihm zu halten. Stimulieren Sie einander spielerisch, bis Sie stark erregt sind, und wenden Sie sich erst dann den Genitalien zu.

Beschäftigen Sie sich nicht zu viel mit der Technik. Wichtig ist es, erregt zu werden und zu bleiben. Um aber die Höhen der tantrischen Verzückung zu erleben, müssen Sie sich und alles akzeptieren, um spirituelle Befreiung zu erlangen. Wenn Sie zu viel daran denken, was Sie machen, werden Sie diesen Prozeß behindern.

Wir haben alle das Potential, einen Orgasmus zu erleben. Dafür müssen Sie nur loslassen, »die Kontrolle verlieren« und sich ganz diesem Gefühl hingeben. Wenn Sie sich von Ihrem Verstand lösen und von der Intuition leiten lassen, wird der Körper die Kontrolle übernehmen und der Orgasmus den ganzen Körper erfüllen.

Sanfter Anfang
Wenn Sie sich die Zeit nehmen, um einander langsam zu erregen, können Sie Ihre Liebe auf vielerlei Weise ausdrücken, und Sie werden beide wahre Befriedigung finden.

Der Kuss

Gemeinsame Intimität
Küsse sind eine einzigartige Möglichkeit, Intimitäten auszutauschen und auszudrücken sowie ein stark erotischer Teil des Vorspiels.

Küssen ist ein wesentlicher Teil des Vorspiels und hilft, Geist und Körper auf den Geschlechtsverkehr einzustellen. Der Tantrismus lehrt, daß die Oberlippe einer Frau mit Gaumen und Klitoris verbunden ist und daß dieser Nervenkanal besonders empfindlich ist. Es kann sehr erotisch und sinnlich sein, sanft an der Oberlippe einer Frau zu saugen oder daran zu nuckeln.

Techniken

Es ist wichtig, richtig küssen zu lernen. Dazu kann man verschiedene Techniken oder Rhythmen auf dem Mund oder anderen Körperteilen wie Brustwarzen, Penis und Vulva anwenden. Wenn man auf dem Mund küßt, sollten beide mit ungehemmter Leidenschaft von den Lippen und der Zunge des Partners trinken und dabei das lebensspendende und heilende Elixier der Ekstase teilen und austauschen.

Das Geheimnis eines guten Kusses ist, Gesicht und Mund zu entspannen. So steigen die Sensibilität und das Vergnügen, mit Mund und Zunge des Partners in Berührung zu kommen. Ein angespannter Mund schafft einen Leerraum und schlechten Kontakt zum Mund des Partners. Je ausgefüllter der Raum ist, desto größer ist das sinnliche und erotische Empfinden.

Die Taoisten meinen, daß Gesicht und Mund alles über die Persönlichkeit und die sexuellen Eigenschaften eines Menschen ausdrücken. So heißt es zum Beispiel, daß sich Größe und Form der Vulva in der Größe und Form von Lippen und Mund widerspiegeln; und ein Mann mit breiten, schwulstigen Lippen soll einen großen Penis haben.

Der Mund vereint die Charakteristiken von Penis (Zunge) und Vulva (Mund, Lippen), und die Schleimhaut der Lippen hat eine ähnliche Struktur wie die der Vulva. Dies gibt den Partnern die Möglichkeit, die männlichen und weiblichen Eigenschaften zu erforschen und die Rollen zu tauschen. Anders als Penis und Vulva werden Mund und Zunge jedoch von willkürlichen Muskeln gesteuert. Deshalb können wir so lange küssen, wie wir möchten, ohne zu ermüden, und leidenschaftliche, erotische Küsse können so liebevoll und aufregend sein wie Sex, da sie die Energie und Gefühle beider Partner harmonisieren.

Verschiedene Kussarten

Laut den taoistischen Texten sind leidenschaftliche, erotische Küsse beinahe mit Geschlechtsverkehr gleichzusetzen. In vielen östlichen Kulturkreisen gelten Küsse als äußerst intimer Teil des Sex und werden daher kaum in der Öffentlichkeit ausgetauscht. In anderen Ländern sind Küsse eine Begrüßung, eine Form der Zärtlichkeit oder ein erotischer Akt.

Das *Kama Sutra* kennt verschiedene Arten von Küssen. Dazu zählen der gepreßte Kuß, bei dem die Unterlippe stark gedrückt und mit der Zunge berührt wird, der Kuß auf die Oberlippe, bei dem der Mann die Oberlippe der Frau, sie jedoch seine Unterlippe küßt. Beim zupackenden Kuß nimmt man die Lippen des Partners zwischen die eigenen Lippen, und beim Kampf der Zungen berührt man mit der Zunge Zähne und Gaumen des Partners. Das *Kama Sutra* enthält auch eine Liste der Körperteile, die zum Küssen besonders geeignet sind. Dazu zählen Stirn, Augen, Wangen, Hals, Brüste, Lippen, Mund, Oberschenkel, Arme, Nabel und Penis.

Stimulation des Astralleibs

Sie können den Astralleib (siehe Seite 16) stimulieren und wecken, indem Sie den Partner bewußt auf die Bereiche der sieben Chakren küssen. Im Tantrismus wird Küssen als »Kontakt der Tore« bezeichnet. Blickt man dem Partner beim Küssen in die Augen, so werden die Energien und Gefühle des Paares harmonisiert.

Der Austausch der Körpersekrete beim Geschlechtsverkehr ist nährend und belebend. In taoistischen Texten heißt es, daß man möglichst viel von den Sekreten des Partners trinken sollte, um Yin und Yang (siehe Seite 130) in Mann und Frau zu harmonisieren.

Wie auch bei den anderen Kußtechniken werden hier Seh-, Geschmacks-, Tast- und Geruchssinn angesprochen. Deshalb ist Mundhygiene von größter Bedeutung. Zudem müssen Sie beide den starken Wunsch verspüren, die Körpersekrete zu teilen und auszutauschen. Aus diesem Grund ist diese Technik nur mit dem richtigen Partner möglich.

Jadefrühling

In den taoistischen Texten wird der Speichel einer sexuell erregten Frau als Jadefrühling bezeichnet. Er gilt als wertvollstes der drei Sekrete einer Frau (die anderen sind der Weiße Schnee aus den Brüsten und das Mondblumenwasser aus dem Palast des Yin, der Gebärmutter).

Der Jadefrühling entsteht in Kanälen unter der Zunge der Frau. Bei einer tantrischen Stellung soll daher die Frau knapp vor dem Orgasmus ihre Zunge an den oberen Gaumen legen, da ihr Körper zu dieser Zeit das Sekret produziert. Beim Höhepunkt bietet sie dann dem Partner ihre Zunge, damit er die süßen, lebensspendenden Essenzen in ihrem Speichel saugen und trinken kann. Sie sollen stark heilende Wirkung haben.

In den taoistischen Texten über die Kunst der Liebe wird empfohlen, daß der Mann den Jadefrühling schluckt, um seine Lebensenergie zu wecken und sein Blut zu stärken.

Oraler Sex

Sie können den Partner sehr stark erregen, wenn Sie seine Genitalien küssen, lecken oder daran nuckeln. Allerdings ist es unerläßlich, daß Sie beide auf Mund- und Genitalhygiene achten. Die Zunge hat alle Eigenschaften, um erotisch und sinnlich zu erregen und zu stimulieren. Sie kann Form und Größe verändern, ist warm, feucht und sehr beweglich. Zudem sagen die Taoisten, daß die Zunge Energie in den Körper des Partners übertragen kann.

Zungenübungen

Die Zunge kann durch Training nicht nur gestärkt werden, man kann auch lernen, sie kontrollierter einzusetzen, um den Partner zu erregen. Sie können die Zungenübungen in Ihre Yoga-Übungen integrieren oder mit dem Partner vor einem Spiegel trainieren.

Machen Sie sich vorerst einfach bewußt, wie die Zunge im Mund liegt und welche Bereiche der Zähne und des Gaumens Sie berühren können. Entspannen Sie dann den Kiefer, öffnen Sie den Mund weit, und strecken Sie die Zunge möglichst weit nach außen und unten. Wiederholen Sie diese Übung mehrmals, schieben Sie dann den Unterkiefer möglichst weit vor, und versuchen Sie, mit der Zungenspitze die Nase zu berühren. Strecken Sie nun die Zunge möglichst weit nach links und rechts. Entspannen Sie sie dann völlig, wobei Sie den Mund leicht geöffnet lassen. Legen Sie die Zunge auf die Unterlippe, biegen Sie die Seiten nach oben, und atmen Sie durch das »Rohr«.

Sithali ist eine Atemmethode, die dieser Übung entspricht. Sie wird empfohlen, um den Körper zu kühlen, und kann somit bei hitzigem Sex oder heißem Wetter eingesetzt werden. Zudem hilft sie, Hunger und Durst zu unterdrücken. Saugen Sie die Luft durch das Zungenrohr in den Körper, halten Sie die Luft an und atmen Sie durch die Nase aus. Fünf- bis zehnmal wiederholen. Wenn Sie die Zunge nicht zu einem Rohr formen können, legen Sie sie auf die Unterlippe, und saugen die Luft über die Zungenspitze ein.

Sie können auch die Zunge möglichst weit im Mund nach hinten rollen oder mit der Spitze den Mundboden massieren.

Sie werden bemerken, daß Sie bei diesen Übungen viel frischen Speichel erzeugen. Wenn Sie diese Übungen kurz vor oralem Sex machen, können Sie den Speichel als natürliches Gleitmittel verwenden. Halten Sie sonst den Speichel im Mund, und schlucken Sie ihn auf einmal. Bereits nach einigen Wochen Übung sollte sich die Geschicklichkeit und Empfindlichkeit der Zunge merkbar erhöhen. Sie werden Ihre Zunge bewußter spüren, und Ihre Küsse werden weniger mechanisch sein.

Fellatio

Für Vatsyayana, den Autor des *Kama Sutra,* war die Fellatio (Küssen und Saugen des Penis) eine besondere Form der Massage.

In dem Buch beschreibt er acht Arten der »Vereinigung mit dem Mund«. Er empfiehlt, diese nacheinander zu machen.

Die erste ist der »übliche Verkehr«, bei dem Sie den Penis in der Hand halten, in den Mund stecken und zwischen den Lippen bewegen; bei dem »Biß in die Seiten« drücken Sie die Seiten des Penis sanft mit den Lippen und Zähnen. Beim »Druck von außen« küssen Sie die Eichel mit geschlossenen Lippen, während Sie beim «Druck von innen« den Penis ein wenig in den Mund stecken, mit den Lippen drücken und wieder herausziehen. Beim »Küssen« halten Sie den Penis in einer Hand und küssen ihn wie die Unterlippe des Partners. Auf Küssen folgt »Reiben«. Dabei berühren Sie den gesamten Penis mit der Zunge.

Die letzten beiden Schritte sind »Saugen an einer Mango«, wobei Sie den Penis zur Hälfte in den Mund stecken und hart küssen, saugen sowie »verschlucken«. Hier stecken Sie den Penis ganz in den Mund und drücken und saugen an ihm, als ob Sie ihn schlucken wollten.

Cunnilingus

In den alten Kulturkreisen des Ostens galt die Vulva als heiligster Ort des weiblichen Körpers. Die Tantristen verehren die Vulva als Tor zum Leben. Über sie werden wir nicht nur geboren, sie ist auch der Eingang zu Vergangenheit und Zukunft. Ein Mann sollte die Vulva als Sitz von Schakti, der Quelle allen Lebens, betrachten.

Ein guter Anfang für oralen Sex ist, Gesicht und Körper der Partnerin zu küssen und langsam bis zu den Genitalien hinunter zu gleiten (siehe Seite 108). Wenn Sie hier anlangen, küssen und lecken Sie sanft den Schamhügel, die äußeren Lippen der Scheide und die Klitoris.

Die Klitoris ist sehr empfindlich, und die meisten Frauen finden bereits leichte Stimulation mit Lippen und Zunge sehr erregend. Sie sollten die Zunge von Seite zu Seite sowie entlang der Unterseite des Klitorisschafts gleiten lassen. Lecken Sie dann sanft die Seiten der Klitoris. Sie können auch sanft mit den Lippen an der Eichel der Klitoris nuckeln und daran lecken.

Wollen Sie die Stimulation verändern, können Sie von der Klitoris zum Perineum übergehen. Dieser Bereich zwischen Vulva und After enthält viele Nervenenden und ist bei den meisten Frauen sehr empfindlich. Sie können mit der Zungenspitze sanft über das Perineum gleiten und dann wieder auf die Klitoris zurückkommen oder sich der Vulva zuwenden.

Küssen Sie die äußeren Schamlippen (hinduistische Liebestexte empfehlen dafür Mundküsse), und lassen Sie die Zunge über und zwischen die Lippen gleiten. Sie können die Stimulation erhöhen, indem Sie die Zunge in die Vagina stecken und wieder zurückziehen. Beginnen Sie mit raschen, kurzen Bewegungen mit der Zungenspitze, und gehen Sie dann zu langsameren, tieferen Bewegungen über.

Gemeinsames Vergnügen
Oraler Sex kann sehr befriedigend sein, doch sollten ihn beide Partner genießen können.

Die Verbote

Das Tao der Liebe galt immer als wichtiger Teil der traditionellen chinesischen Medizin. Zwar ist der Tantrismus ritueller als der Taoismus und enger mit der Religion verbunden, doch entwickelten beide Wege, um die sexuelle Energie zu fördern und umzuwandeln. Die Taoisten betrachten Sex als heilendes, therapeutisches Mittel und sehen darin die Möglichkeit einer spirituellen Befreiung.

Tantristen und Taoisten erkannten, wie wichtig Sex ist, und entwickelten verschiedene Techniken, um die Lebensenergie im Körper zu sammeln und den Geist zu beruhigen. So entsteht ein Idealzustand, in dem Sex als Mittel gelten kann, unsere stärkste kreative Energie, die sexuelle Energie zu nutzen und umzuwandeln.

Wenn Körper und Geist in Harmonie stehen und wir körperlich, geistig, emotional und spirituell ausgeglichen sind, sagen die Tantristen, daß die sexuelle Energie in Selbsterkenntnis, Heilung und die ekstatische Verzückung der göttlichen Verbindung umgewandelt werden kann.

Die Taoisten wollen vor allem Yin und Yang ausgleichen und durch die Kraft und das Vergnügen der Liebe einen völligen Ausgleich der Energien im Körper erlangen. So erreichen sie Gesundheit, Glück und langes Leben. Beide Lehren meinen, vor allem allerdings der Taoismus, daß es Zeiten und Situationen gibt, in denen von Geschlechtsverkehr abzuraten ist. Dr. Chang nennt sie »Verbote«.

Energieverlust

Da die sexuelle Energie stimulierend wirkt, war es den Tantristen und Taoisten wichtig, vor, während und nach dem Geschlechtsverkehr möglichst wenig sexuelle Energie zu verlieren. Indem die Taoisten die Natur und das Universum, den inneren und äußeren Energiefluß beobachteten, entdeckten sie, daß ein Zusammenhang zwischen beiden besteht. So konnten sie festlegen, daß Sex zu bestimmten Zeiten und unter bestimmten Umständen vermieden werden sollte, da er die Energie schwächt und ein Ungleichgewicht erzeugt, das sich in Krankheit auswirken kann.

Äussere Energie

Da der Geschlechtsakt den Menschen öffnet und er anfällig für die Energien aus dem Universum wird, kann ein Ungleichgewicht in der inneren Energie entstehen, wenn die äußere Energie chaotisch ist. Deshalb sollte man während eines Unwetters wie einem heftigen Sturm oder Gewitter sowie bei Schlechtwetter, bei dem das elektromagnetische Feld der Erde gestört ist, auf Geschlechtsverkehr verzichten.

Gefühle

Die Taoisten meinen auch, daß extreme Gefühle ungesund sind und den Fluß der Körperenergie, des Qi (siehe Seite 16), stören können. Sie sind der Auffassung, daß die Energie, die für den Sex benötigt wird, das Qi weiter schwächt. Deshalb sollten Sie auf Sex verzichten, wenn ein Partner durch Ärger, Angst, Müdigkeit, Traurigkeit oder sogar Freude aus dem seelischen Gleichgewicht ist. Warten Sie, bis Sie beide ruhig und ausgeglichen sind, bevor Sie nach einem Streit oder einer Aufregung Geschlechtsverkehr haben.

Das *Huang Ti Nei Ching (Das Buch der internen Medizin des Gelben Herrschers)* beschreibt, wie die Gefühle den Fluß des Qi beeinflussen. Die schriftlichen Ratschläge erhielt der Gelbe Herrscher (siehe Seite 13) von seinem medizinischen Berater Chi Po. Laut Chi Po steigert Ärger das Qi, während es Freude verlangsamt; durch Trauer zerstreut es sich, durch Angst sinkt es ab, durch Überraschung verteilt es sich, durch Ermüdung braucht es sich auf, und durch Gedanken sammelt es sich.

Essen, Trinken, Drogen

Auch Speisen und Getränke beeinflussen das Gleichgewicht der Energien. Nach einem Mahl sollten Sie zumindest 30 Minuten verstreichen lassen, bevor Sie Sex haben, da der Geschlechtsverkehr dem Körper die Energie entzieht, die er für die Verdauung benötigt. Sie sollten auch auf Sex verzichten, wenn Sie betrunken sind, da Sie sonst den Körper überreizen und nur schwer den Fluß des Qi lenken können (siehe Seite 16).

Die Taoisten meinen auch, daß Sex schädlich ist, wenn die Frau nicht voll befriedigt wird, da so ein Ungleichgewicht in beiden Partnern entsteht. Sie sollten auch auf Sex verzichten, wenn ein Partner ein Medikament nimmt oder unter dem Einfluß von Drogen steht.

Geschlechtsverkehr ist auch verboten, wenn ein Partner sich von einer Operation oder einer schweren Krankheit erholt, da der Körper bei der Rekonvaleszenz die Energie für die Regeneration der Organe und Zellen benötigt. Unter diesen Umständen kann Sex den Heilungsprozeß verzögern, anstatt ihn anzukurbeln.

Wasser

Da Wasser die Energie neutralisiert, sollten Sie nach einem Bad oder einer Dusche 20 bis 30 Minuten mit dem Sex warten, damit Sie die sexuelle Energie aufnehmen können.

Einige Menschen empfinden Sex mit einer vollen Blase als angenehm, doch kann es die Nieren belasten und volle Entspannung während des Geschlechtsakts verhindern. Leeren Sie die Blase zumindest 10 Minuten vor dem Sex, damit sich die Organe wieder ausgleichen können.

Homosexualität

Für Homosexuelle ist ebenso wie für Heterosexuelle ein Ausgleich zwischen den männlichen und weiblichen Energien, zwischen Yin und Yang nötig. Yoga (siehe Seite 48), Meditation und Atemkontrolle können helfen, Körper und Geist auszugleichen und zu harmonisieren.

Jeder Mensch enthält auf spiritueller, emotionaler, körperlicher und geistiger Ebene unterschiedlich viele männliche und weibliche Eigenschaften. Da sowohl Männer als auch Frauen unterschiedlich viele männliche und weibliche Hormone haben, ist kein Mann rein männlich und keine Frau ganz weiblich.

Homosexuelle können beim Sex nie einen vollen Ausgleich zwischen männlichen und weiblichen Energien und die höchste Harmonie zwischen Yin und Yang erreichen. Allerdings widerspricht die Homosexualität nicht dem Tao, und im Tantrismus kommt allen sexuellen Spielarten eine positive und natürliche Rolle in der menschlichen Sexualität zu. Die Stellungen und Techniken in diesem Buch eignen sich auch für schwule und lesbische Paare.

Schwule

In tantrischen und taoistischen Texten gilt Analverkehr zwischen Männern als ungesund, da er Körper und Geist schädigen kann. Deshalb müssen homosexuelle Paare die aktive und passive Rolle wechseln, um einen Ausgleich zwischen Yin und Yang zu erreichen. Ein Partner kann das weibliche Yin stimulieren, das mit Wasser assoziiert wird, indem er seine Gedanken auf Wasser konzentriert. Zudem kann eine Massage des Penis die Reflexzonen stimulieren (siehe Seite 141), die bei heterosexuellen Paaren durch die Vagina der Frau aktiviert werden.

Lesben

Ein Mann kann leicht Schaft und Eichel des Penis massieren, um die Reflexzonen zu stimulieren. Bei Lesben ist es aber nicht so einfach, alle Zonen durch eine gleichmäßige innere Massage anzusprechen.

Lebenskraft ist nötig, wenn dem Körper durch eine Stimulation der Reflexzonen Energie zugeführt werden soll. Hilfsmittel wie Vibratoren enthalten keine Lebensenergie, und die Finger können durch ihre Form und Größe nicht gleichmäßig stimulieren. Allerdings kann eine Partnerin ihr männliches Yang steigern, das mit Feuer und Sonne assoziiert wird, indem sie ein Sonnenbad nimmt und die Energie der Sonne in ihren Körper aufnimmt. Sie kann auch durch Meditation ihre Yang-Energie in Genitalien und Eierstöcke leiten.

VI

Der Liebesakt

Stellungen

Wenn Sie die tantrischen und taoistischen Sexualpraktiken mit dem Bewußtsein für den Körper und seine Funktionen verbinden, können Sie und Ihr Partner dem Geschlechtsakt eine neue Perspektive verleihen und ihn zu einem erotischen, erfüllenden Erlebnis machen.

Der erste Schritt zur Integration der alten Weisheiten von Taoismus und Tantrismus in den Alltag ist, durch Lektüre dieses Buches das Bewußtsein zu erlangen, daß hinter Sex mehr steckt, als die meisten Menschen wissen, und daß die Tantristen und Taoisten die Geheimnisse für wahrhaft göttlichen Sex kennen. Sogar die gewohnten Stellungen werden neu und aufregend, wenn man diese Techniken beherzigt. Die Freude und der innere Frieden, den Sie erlangen werden, wird Ihr Leben bereichern.

»Die Leidenschaft, die beim Geschlechtsverkehr entsteht, kann nicht definiert werden und ist so unberechenbar wie Träume.« KAMA SUTRA

Wir haben alle unsere Lieblingsstellungen, und es ist anzunehmen, daß jede Stellung irgendwo und irgendwann bereits versucht wurde. Doch können Sie die Stellungen mehr genießen, wenn Sie verstehen, wie Ihre Chakren (siehe Seite 18) mit denen des Partners verbunden sind, wie der Atemrhythmus das Empfinden stärkt oder schwächt, wie der Körper der Frau die Form ihrer Vagina beeinflussen kann und wie die Stärke der Stöße die Wirkung beeinflußt. Sie müssen nur lernen, sich dieser Dinge beim Sex bewußt zu sein, ohne daran zu denken.

Leichter abschalten können Sie, wenn Sie die Augen schließen und sich nur dem Gefühl hingeben oder dem Partner in die Augen blicken, durch den Mund ausatmen und alle Töne ungehindert aus dem Körper strömen lassen.

Es ist wichtig, daß Sie sich beim Sexualakt wohl fühlen. Deshalb sollten Sie Kissen bereitlegen, um den Körper in den verschiedenen Stellungen abzustützen. Wenn Sie keinerlei Sport betreiben, sollten Sie sich vorsichtig bewegen und die Stellungen mit Bedacht ändern. Meditation und Yoga können helfen, Geist und Körper auf den Geschlechtsverkehr einzustimmen.

Mein Partner und ich meinen, daß Humor bei den komplizierteren Stellungen unerläßlich ist. Obwohl wir durch Yoga viel trainierter und beweglicher wurden, sind einige Positionen doch schwierig zu halten. Doch auch wenn Sie die Stellungen nicht versuchen, werden Sie doch sehen, daß alles möglich ist.

Gewohnte Stellungen

In diesem Kapitel werden die Stellungen beschrieben, die fast jeder kennt. Zwar zählen sie zu den phantasielosesten Positionen, doch können sie für beide Partner trotz ihrer Einfachheit sehr befriedigend sein. Fast alle Menschen greifen beim Geschlechtsverkehr mehr oder weniger oft auf diese Stellungen zurück, und mit etwas Phantasie können Sie eigene Variationen zu diesen Grundthemen erfinden und spielerisch damit experimentieren.

Wenn Sie jedoch etwas Neues probieren möchten, sollten Sie erst Ihrem Partner Ihre Wünsche mitteilen. Das können Sie durch Wörter, Bewegungen, Gesten oder Töne machen. In einer langen Beziehung ist diese Art der intimen Kommunikation besonders wichtig, da sich hier der Geschlechtsverkehr und der Ausdruck der Sexualität oft auf eine relativ enge Palette phantasieloser Methoden beschränken.

Stellungen für Fortgeschrittene

Aufgrund meines Studiums der alten Liebeskünste des Ostens glaube ich, daß die Frauen, die in den Bildern und Skulpturen dargestellt werden, mit ihren Gliedern und Körpern die ungewöhnlichsten Formen und Positionen einnehmen konnten. Sie waren ohne Zweifel geübt in Yoga.

Viele der Stellungen, die in diesen erotischen Bildern dargestellt sind, werden in Werken wie dem *Kama Sutra* beschrieben. Dieses hinduistische Liebesbuch wurde um das 2. Jahrhundert v. Chr. von dem Weisen Vatsyayana verfaßt. Es gibt Informationen über Sex und beschreibt eine große Zahl an Stellungen. ~~Für~~ alle diejenigen, die experimentieren wollen, habe ich einige der »sportlicheren« Stellungen in das Buch aufgenommen, die auch in den Tantrismus Eingang fanden.

Rhythmen der Liebe

Die alten Liebestexte enthalten nützliche Ratschläge, wie der Mann seine Stöße beim Geschlechtsverkehr setzen und lenken soll, damit er und seine Partnerin höchste Befriedigung erlangen. Viele Texte beschreiben auch die Stufen der sexuellen Erregung der Frau und raten, wie der Mann darauf reagieren soll.

Die neun Stösse

Im *Kama Sutra* sind neun Stöße für den Mann aufgelistet (siehe Seite 121), die beim Geschlechtsverkehr bewußt und möglichst kunstvoll ausgeführt werden sollten. Durch diese Stöße kann der Mann seine Partnerin und ihre Reaktion während der einzelnen Stufen beobachten. Das *Kama Sutra* erklärt, daß er sich auf die Körperteile der Frau konzentrieren soll, auf die sie ihre Augen lenkt. Zudem sollte er beobachten, welche Töne sie ausstößt und was sie macht, da dies zeigt, wie sehr sie erregt und befriedigt ist. Zudem kann auch die Frau in die Rolle des Mannes schlüpfen und verschiedene Stöße nachahmen.

Die zehn Stufen

Das »Einfache Mädchen« Su Nü ist auch als Göttin der Muschel bekannt. Sie zählt zu den drei Frauen, die den Gelben Herrscher im alten China in die Geheimnisse des Sex einweihten. Sie kennt zehn Stufen der Liebe (siehe Seite 121), mit denen die Bewegungen der Frau beschrieben werden und die zeigen, wie leidenschaftlich und erregt sie ist, wo sie berührt werden will und wie sich der Mann bewegen soll.

Neun flach, einer tief

Die populärste Stoßtechnik in den taoistischen Texten baut auf der Zahl Neun auf, der starke Yang-Energie zugeschrieben wird. Der Rhythmus (neun flache Stöße und ein tiefer Stoß) erhöht die Lust, verhindert vorzeitige Ejakulation und fördert das Bewußtsein und die Konzentration. Frauen finden dies wunderbar. Der tiefe Stoß stimuliert und drückt die Luft aus der Vagina. So entsteht während der neun flachen Stöße ein Teilvakuum in der Vagina, das die Frau erst in Entzücken versetzt und dann befriedigt.

Der Mann stößt langsam, sanft und liebevoll. Bei den ersten neun Stößen dringt nur die Eichel des Penis in die Vagina ein; beim zehnten Stoß läßt er den gesamten Penis eindringen. Während er stößt, sollte der Mann seinen Penis nie vollständig zurückziehen.

Neunmal-zehn-Sequenz

Bei dieser Sequenz stößt der Mann erst neunmal flach und einmal tief, dann achtmal flach und zweimal tief, danach siebenmal flach und dreimal tief und so weiter, bis er am Ende neunmal tief und einmal flach stößt.

1 neun flach, einer tief
2 acht flach, zwei tief
3 sieben flach, drei tief
4 sechs flach, vier tief
5 fünf flach, fünf tief
6 vier flach, sechs tief
7 drei flach, sieben tief
8 zwei flach, acht tief
9 eins flach, neun tief

Ziel ist es, möglichst viele Sequenzen ohne Ejakulation zu schaffen. Da Männer diese starke Stimulation des Penis anfangs überwältigend finden, ist es wichtig, die Zahl und Geschwindigkeit der Sequenzen individuell zu variieren.

DIE NEUN STÖSSE DES MANNES

Die neun Stöße des Mannes sind laut dem Kama Sutra*:*

1 Vorwärtsbewegung: »Wenn die Organe richtig und direkt vereint werden.«

2 Buttern: »Wenn der Mann seinen Lingam (Penis) hält und ihn nach allen Seiten in der Yoni (Vulva) umherbewegt.«

3 Durchbohren: »Wenn die Yoni sich unten befindet und der Lingam von oben kommt.«

4 Reiben: »Entsteht genau aus der entgegengesetzten Lage.«

5 Drücken: »Wenn die Yoni lange Zeit vom Lingam gedrückt wird.«

6 Streicheversetzen: »Wenn der Mann seinen Lingam sanft herauszieht, sofort aber seinen Unterleib mit Schwung gegen den der Frau preßt.«

7 Eberbiß: »Wenn der Lingam nur eine Seite der Yoni reibt.«

8 Stierstoß: »Wenn beide Seiten der Yoni vom Lingam gerieben werden.«

9 Spatzenhetze: »Wenn der Mann, ohne seinen Lingam herauszuziehen, einen Unterleibsstoß nach dem anderen macht. Dies geschieht in der Endphase der Erregung.«

DIE ZEHN STUFEN DER LIEBE

Laut dem »Einfachen Mädchen« lauten die zehn Stufen der Liebe bei einer Frau:

1 Sie hält ihren Mann mit beiden Händen fest und zeigt an, daß sie engeren Körperkontakt möchte.

2 Sie hebt die Beine, damit der Mann ihr die Klitoris stimuliert.

3 Sie streckt den Bauch heraus, da sie flachere Stöße möchte.

4 Sie bewegt die Oberschenkel, was anzeigt, daß sie sehr zufrieden ist.

5 Sie zieht den Mann mit den Füßen näher, da sie tiefere Stöße möchte.

6 Sie verschränkt die Beine hinter seinem Rücken, da sie mehr möchte.

7 Sie wiegt sich von Seite zu Seite, da der Mann tiefere Stöße auf beiden Seiten machen soll.

8 Sie hebt den Körper und zeigt, daß es ihr großes Vergnügen bereitet.

9 Sie entspannt den Körper, da Glieder und Körper befriedet sind.

10 Ihre Vulva fließt, die Welle von Yin hat sie erreicht. Sie ist glücklich.

Gewohnte Stellungen

Diese vertrauten Stellungen gewinnen an neuer Faszination, wenn Sie beide frei und ungehemmt sind. Akzeptieren Sie Ihren Körper, wie er ist, und machen Sie den Geschlechtsverkehr zu einem Akt der Verehrung, bei dem Sie die Gottheiten in sich zum Vorschein bringen.

Frau oben

Wenn die Frau oben ist, kann sie die Tiefe der Penetration sowie Rhythmus und Geschwindigkeit der Bewegungen besser lenken. Sie kann die Form ihrer Vagina durch Veränderung der Position von Hüften und Oberkörper ändern und so das Gefühl für sich und ihren Partner variieren. Zudem kann sie die Klitoris durch Druck gegen sein Schambein stimulieren.

Löffelstellung

Bei dieser Stellung liegt der Mann mit gebeugten Knien hinter der Frau auf der Seite. Die Körper schmiegen sich eng aneinander, und Sie können sich lieben, ohne sich zu bewegen. Atmen Sie gemeinsam, und fühlen Sie die Wärme der Körper.

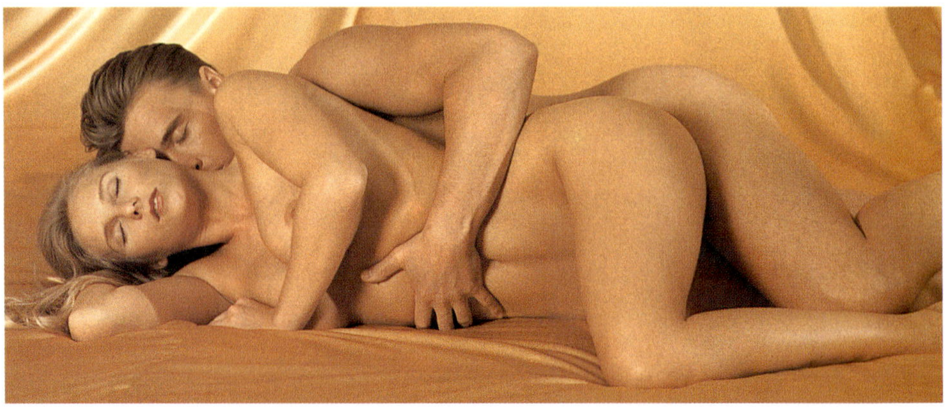

Missionarsstellung

Aus dieser Grundstellung kann man viele Varianten ableiten. Die Frau liegt auf dem Rücken, der Mann dringt ein, während er auf ihr liegt. Wenn beide Partner ausgestreckte Beine haben, kann die Frau ihre Oberschenkelmuskeln fest anspannen, so daß ihre Vagina den Penis ihres Partners fest umklammert.

Hundestellung

Hier dringt der Mann von hinten ein, und er hat beide Hände frei, um seine Partnerin durch Liebkosungen und Streicheln der Klitoris stärker zu stimulieren. Die Frau kann sich auf die Hände stützen oder die Stellung abwandeln, indem sie sich auf die Ellbogen lehnt. Da der Mann in dieser Position tief eindringen kann, ist Vorsicht geboten.

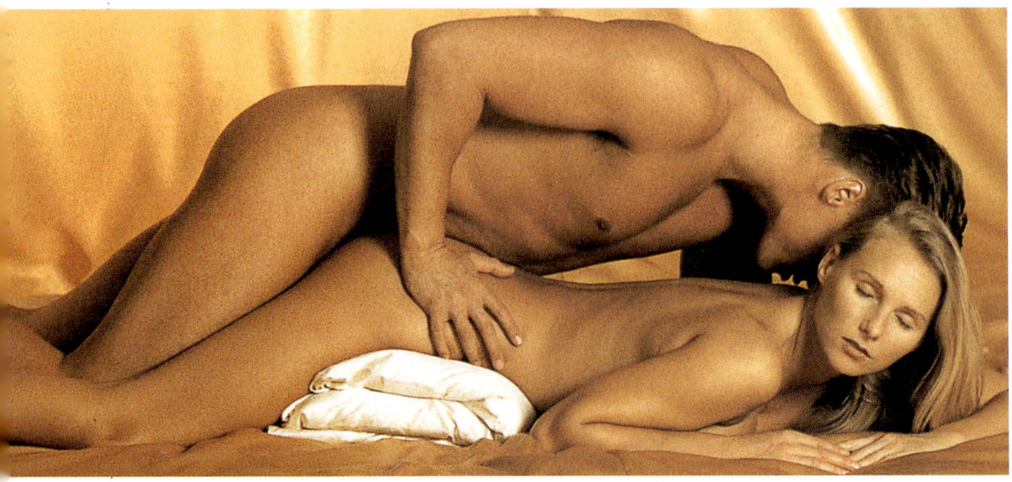

Elefanten-Vereinigung

Auch hier dringt der Mann von hinten ein. Besonders tiefe Penetration ist möglich, wenn die Frau ein oder mehrere Kissen unter ihr Becken schiebt. So wird ihr Körper abgestützt und ihr Partner kann leichter eindringen. Wie bei jeder anderen Stellung sollte die Frau auch hier ihrem Partner mit sanften Gesten oder Worten erklären, ob er zu hart stößt oder ihr die Stellung unbequem ist.

Yab-Yum-Stellung

Bei dieser bequemen Stellung sitzt der Mann im Lotossitz, und seine Partnerin sitzt mit geöffneten Beinen auf ihm und blickt zu ihm hin. Der Name stammt aus Tibet. »Yab« bedeutet »Vater« oder das männliche Prinzip, »Yum« »Mutter« oder das weibliche Prinzip. Die Stellung vereint also männlichen und weiblichen Aspekt in kosmischer Einheit. Sie ist die ideale Verbindung aller Dualitäten (siehe Seite 129).

Gähnende Stellung

Diese Stellung empfiehlt sich für alle Frauen, die Probleme haben, ihre Hüften zu bewegen, wenn sie auf dem Rücken liegen. Da ihre Oberschenkel gehoben und offen sind, kann die Frau das Gefühl im Genitalbereich für sich und ihren Partner variieren, indem sie etwa die Knie beugt, ein oder beide Beine hebt oder die Beine um den Rücken des Partners schlingt.

INDRANI-STELLUNG

Bei dieser Stellung liegt die Frau auf dem Rücken und zieht beide Beine zur Brust, bevor der Mann eindringt. Viele Frauen meinen, daß die Anspannung der Vaginalmuskulatur zu beträchtlicher Erregung führen kann.

KUTSCHENSTELLUNG

Bei sehr aktivem und leidenschaftlichem Geschlechtsverkehr ist diese Position wunderbar, da man einfach still liegen kann. Der Mann liegt mit gestreckten Beinen und überkreuzten Füßen auf der Seite und stützt den Kopf auf einen Arm. Die Frau liegt in rechtem Winkel zu ihm auf dem Rücken und stellt die Beine über seine Hüften. Nach der Penetration liegen beide Partner still.

Energie leiten

Tantrismus und Taoismus kennen spezielle Stellungen, die Sie versuchen können, damit die Energie zwischen Ihnen und Ihrem Partner besser fließt. Wenn Sie mit verschiedenen Körperteilen Ihres Partners Kontakt haben, steigt die sexuelle Energie. Dies kann entspannend oder belebend sein, doch werden beide Partner fühlen, wie die Energie von den Genitalien zu den Punkten gelenkt wird, wo sich die Körper berühren.

Sie können beim Geschlechtsverkehr entspannende, harmonisierende Energie erzeugen, wenn Sie Ihren Partner mit bestimmten Körperteilen berühren. Sie können Hände halten, einander küssen, bewußten Augenkontakt halten, Stirn an Stirn, Bauch an Bauch oder Fußsohlen an Fußsohlen liegen. Wollen Sie stimulierende Energie erzeugen, legen Sie unterschiedliche Körperteile aneinander, etwa Mund oder Hände an Genitalien, Brust an Füße, offene Augen an geschlossene Augen oder Hände oder Füße an Brust. So können Sie die Energie schaffen, die Sie benötigen.

Energiekreise

Indem Sie und Ihr Partner die richtige Stellung einnehmen, können Sie nicht nur Energie erzeugen, sondern sie auch wie Strom durch einen Stromkreis fließen lassen. Diese Positionen, die Energie leiten, bringen Sie nicht nur näher zueinander, Sie können auch höchste Verzückung erfahren, wenn die Energien verschmelzen und gemeinsam fließen. Experimentieren Sie mit verschiedenen Stellungen, und genießen Sie das Gefühl, das von der Energie erzeugt wird, die zwischen Ihnen fließt.

Wenn Sie verschiedene Stellungen einnehmen, achten Sie auf die Formen, die Ihre Körper beschreiben, wo die Chakren verbunden sind und wie Sie die Energie fließen lassen können, indem Sie Kreise schließen (etwa durch Vereinigung von Händen oder Mündern). Bei einer einfachen Stellung sitzt der Mann mit geöffneten Beinen, während die Frau zu ihm gewandt auf dem Rücken zwischen seinen Beinen liegt. Beide halten die Füße des Partners in den Händen. Sie müssen sich nicht bewegen. Es reicht, einander in die Augen zu blicken, gemeinsam zu atmen und zu fühlen, wie die Energie zwischen Ihnen strömt. Bleiben Sie in dieser Position, solange sie wollen oder bis das Gefühl der Verbundenheit nachläßt.

»Soixante-neuf« oder »neunundsechzig« ist eine aktivere Stellung, um die Energiekreise zu schließen und so stimulierende, anregende Energie zu erzeugen.

Körper-Yantras

Im Tantrismus sind auch Stellungen verbreitet, bei denen die Körper und Glieder der Partner harmonische Formen bilden. Diese Positionen werden wie die Diagramme, die zur Meditation verwendet werden, als Yantras bezeichnet (siehe Seite 22). Man benutzt sie, damit die Energie fließen und schwingen kann. Sie können Ihre eigenen Yantras schaffen, wenn Sie sich bewußt machen, welche Form die Körper in verschiedenen Stellungen einnehmen.

Eine Position wird im *Ananga Ranga* als Kamachakra (Rad des Kama) beschrieben. Dabei sitzt der Mann mit geöffneten, gestreckten Beinen. Die Partnerin sitzt ihm gegenüber mit geöffneten Beinen auf seinem Schoß. Sie halten sich an den Schultern und lehnen sich nach hinten. Von oben gesehen erinnern die ausgestreckten Beine an die Speichen eines Rades. Zwei weitere »Speichen« können Sie bilden, wenn Sie die Arme gemeinsam zur Seite strecken.

Die Yab-Yum-Stellung (siehe Seite 125) schafft ebenfalls ein harmonisches Bild, das durch die Position der Arme und Beine entsteht, wenn die Frau auf dem Schoß des Mannes sitzt und Arme und Beine um ihn schlingt.

Yab-Yum

Yab-Yum wird verwendet, um Energie zu leiten. Die Partner bleiben still in einer Umarmung verschlungen. Sie werden durch die körperliche Verbindung gestärkt und gehalten, während sie über die spirituelle Verbindung nachsinnen, die über jedem körperlichen Empfinden steht. Der Mann sitzt mit gekreuzten Beinen in der Lotosstellung auf dem Boden oder dem Bett, die Frau sitzt auf seinem Schoß und kreuzt die Beine hinter seinem Rücken.

Aufnahme der Essenzen

Tantrische und taoistische Texte beschreiben, wie man beim Geschlechtsverkehr lebenswichtige Essenzen vom Partner aufnehmen kann. Für die Taoisten ist dies der Austausch von Yin- und Yang-Essenzen, wobei der Mann von dem Yin, die Frau von dem Yang profitiert. Man kann diesen Austausch nur spüren, wenn die Partner die Bande der Liebe vereint und Körper und Geist in Harmonie zueinander stehen.

Yin-Essenz

Der taoistische Weise Wu Hsien beschrieb in einem Text, der aus der Zeit der Han-Dynastie vor etwa 2 000 Jahren stammt, wie ein Mann Yin von seiner Partnerin aufnehmen kann.

In seinem Text *Die große Befreiung der drei Gipfel* spricht Wu Hsien von drei Arten der Yin-Essenz: Jadefrühling, Weißer Schnee und Mondblumenwasser. Er legt dar, wie ein Mann diese Essenzen von den »Drei Gipfeln« einer sexuell erregten Frau erhalten kann. Der Hauptgipfel ist der »Rote Lotosgipfel« (ihre Lippen), der mittlere der »Zwillingsgipfel« (ihre Brustwarzen), und der niedrigste Gipfel ist das »Dunkle Tor« (ihre Vulva).

Jadefrühling

Es heißt, daß ein Mann seine Yang-Essenz stärken und die Harmonie zwischen Yin und Yang herstellen kann, wenn er den Jadefrühling, den Speichel einer sexuell erregten Frau trinkt. Laut Wu Hsien wird der Jadefrühling von zwei Kanälen unter der Zunge der Frau abgesondert. Wenn der Mann davon profitieren möchte, so sollte er den Jadefrühling aus dem »Blütenteich« (ihrem Mund) trinken.

Weisser Schnee

Da der Weiße Schnee aus dem mittleren der drei Gipfel entspringt, sollte er mit besonderer Aufmerksamkeit bedacht werden. Der Weiße Schnee ist die Essenz, die bei starker sexueller Erregung aus den Brüsten der Frau fließt. Dieses Sekret wird spontan durch sexuelle Erregung und den Willen und Wunsch der Frau erzeugt, großzügig zu geben. Wenn an Brüsten und Brustwarzen einer Frau genuckelt wird, zieht sich die Gebärmutter zusammen und die Drüsen werden aktiviert, so daß der Weiße Schnee fließen kann. Auch der Astralleib sondert Brustsekrete ab.

Wie der Name schon sagt, ist der Weiße Schnee weiß und schmeckt süß. Wenn ein

Mann den Weißen Schnee trinkt, so nährt er Milz und Magen. Noch heilbringender ist die Essenz für die Frau, deren Durchblutung angekurbelt wird. Ihre Menstruation wird regelmäßig, und sie ist entspannt und glücklich. Es heißt, daß der Weiße Schnee das stärkste Sekret ist, das eine sexuell erregte Frau absondert. Besonders wirksam soll der Weiße Schnee einer Frau sein, die noch keine Kinder geboren hat.

Mondblumenwasser

Die Essenz, die aus dem Dunklen Tor einer stark erregten Frau fließt, wird als Mondblumenwasser bezeichnet. Für gewöhnlich ist es in ihrem Palast des Yin (der Gebärmutter) eingeschlossen. Jedoch öffnen sich die Tore und setzen die Essenz frei, wenn sich die Frau dem Orgasmus nähert. Die Substanz des Mondblumenwassers hängt von Gesundheitszustand, Ernährung, Temperament, Zeitpunkt im Monat und sexueller Leidenschaft der Frau ab. Es gilt als besonders nutzbringend, wenn es süß schmeckt.

Ein Mann kann das Mondblumenwasser seiner Partnerin beim oralen Sex durch Mund, Zunge und Lippen aufnehmen. Er kann es auch beim Geschlechtsverkehr mit der Eichel des Penis absorbieren, indem er den Penis ein wenig zurückzieht und visualisiert, daß die Aufnahme vonstatten geht. Die Eichel nimmt das Mondblumenwasser auf, wenn es aus der Gebärmutter und über die Innenwände der Vagina fließt.

Wenn der Mann den Penis möglichst lange ohne Ejakulation in der Vagina läßt, kann er aus der unerschöpflichen Quelle an Yin von seiner Partnerin profitieren. Er sollte den Penis ein wenig zurückziehen, wenn das Mondblumenwasser zu strömen beginnt, doch weiterhin stoßen, leidenschaftlich die Lippen der Partnerin küssen und an ihrer Brust nuckeln.

Yang-Essenz

Wenn der Mann ejakuliert und seine Yang-Energie durch den Verlust des Samens erschöpft ist, kann er den Verlust ausgleichen, indem er bewußt die Sekrete der Frau absorbiert. Allerdings sollte der Mann die Ejakulation nie erzwingen und sie vermeiden, wenn sein Körper schwach ist. Die Frau kann das Yang eines Mannes auch aufnehmen, wenn er nicht ejakuliert. Beide Partner müssen sich jedoch bewußt sein, daß die Ejakulation nicht das einzige Kriterium ist, ob der Geschlechtsverkehr erfolgreich war. Ziel ist es, die Essenz des Partners zu absorbieren!

Wenn ein Mann ejakulieren möchte oder muß, sollte er es genießen und seinen Samen der Partnerin schicken, damit sie ihn aufnehmen kann. Dann sollte er den Penis in der Vagina lassen und bewußt das Yin absorbieren. Durch Zurückhaltung des Samens kann er der Frau aber Energie geben, ohne selbst welche zu verlieren.

Kuh-Vereinigung

Für diese Stellung muß sich die Frau im Stehen vorbeugen und auf Hände und Füße stützen. Wenn sie sich auf Kissen oder andere Objekte stützt, muß sie sich nicht so weit nach vorne beugen und kann leichter und bequemer die Stellung halten. Nun nähert sich der Mann der Frau von hinten und »vereinigt sich wie ein Stier« mit der Frau, wie im *Kama Sutra* geschrieben steht.

Stellungen für Fortgeschrittene

Nachfolgend finden Sie einige der phantasievolleren Stellungen aus dem Kama Sutra. *Es macht Spaß, sie auszuprobieren, da sie sehr aufregend und befriedigend sein können. Allerdings erfordern einige Übungen Kondition und einen guten Gleichgewichtssinn. Achten Sie auf Muskeln und Wirbelsäule!*

Die gedrehte Stellung

Diese Stellung erfordert Übung und einen Sinn für Humor. Zudem ist auch Vorsicht geboten, da das Risiko einer Rückenverletzung nicht auszuschließen ist. Der Mann liegt auf dem Rücken, stützt sich auf Hände und Füße und hebt den Körper vom Boden ab. Seine Partnerin sitzt auf ihm, beugt die Knie, um die Beine zu heben, und dreht sich wie ein Rad auf ihm. Dabei bleibt der Penis in der Vagina.

Der gespaltene Bambus

Die Frau liegt mit erhobenen Beinen auf dem Rücken, während der Mann vor ihr kniet und in sie eindringt. Dann legt sie einen Fuß auf die Schulter des Partners und streckt das andere Bein aus. Sie wechselt die Position ihrer Beine mehrmals. Bei dieser Stellung, die an einen Tanz erinnert, muß sich die Frau konzentrieren und einen befriedigenden Rhythmus für die Bewegung der Beine finden.

Schwebende Vereinigung

Der Mann steht fest auf beiden Beinen und stützt das Gesäß seiner Partnerin mit den Händen ab. Sie schlingt die Arme um seinen Hals und die Beine um seine Taille. Wenn der Mann die Knie beugt, kann er das Gewicht der Partnerin leichter tragen und auch besser stoßen.

Die drei Fussabdrücke

Bei dieser Stellung steht der Mann mit beiden Beinen fest auf dem Boden, während seine Partnerin zu ihm blickt, auf einem Bein steht und das andere um seine Taille oder um seinen Oberschenkel schlingt. Der Mann sollte den gehobenen Oberschenkel seiner Partnerin mit der Hand abstützen. Die meisten Paare finden diese Stellung einfacher als die Schwebende Vereinigung (links), da die Frau fester steht und besser auf die Stöße ihres Partners eingehen kann.

Schaukeln

Beide Partner sitzen einander fest umschlungen gegenüber. Nach der Penetration schwingen sie durch das Gewicht der Körper wie eine Schaukel vor und zurück. Diese Stellung eignet sich gut für ausgedehnten Geschlechtsverkehr.

Ein Bein nach oben

Die Frau liegt auf dem Rücken, der Mann kniet zwischen ihren Beinen. Sie legt den rechten Arm auf seine linke Schulter, ihr linkes Bein ruht auf seinem Oberschenkel. Nach der Penetration drückt sie sich gegen ihn und schwingt, bis beide Partner Ekstase erfahren. Die Stellung eignet sich als Vorbereitung auf die Tantrische Schildkröte.

Tantrische Schildkröte

Wie bei der Stellung Ein Bein nach oben (oben) liegt die Frau auf dem Rücken und der Mann kniet zwischen ihren Beinen. Dann legt sie die Fußsohlen aus seine Brust. Nach der Penetration drückt er ihre Knie mit den Armen zusammen, während er stößt. So kann sie den Penis in der Vagina fest umfassen.

Uneingeschränkt günstige Stellung

Die Partner sitzen oder hocken einander gegenüber. Nach der Penetration lehnt sich die Frau auf ihre Arme, während der Mann ihre Füße zu seinem Kopf hebt. Danach legt er ihre Fußsohlen erst auf die Augen, dann auf Ohren, Nase, Mund und Scheitel. Diese Position erhielt ihren Namen, weil sie dem Mann alle Wünsche erfüllen soll, die ihm bei der Durchführung der Bewegungen in den Sinn kommen.

Nachspiel

Der Geschlechtsverkehr muß nicht mit der Ejakulation des Mannes enden. Die Energie, die beim Sex entsteht, wirkt sich in vielerlei Weise auf uns aus. Deshalb ist für beide Partner ein zärtliches, liebevolles Nachspiel ebenso wichtig wie das Vorspiel (siehe Seite 108).

Wie Yoga sollte auch der Sex eingeleitet und langsam wieder beendet werden. Doch wir neigen dazu, die Energie bei dem Orgasmus und der Ejakulation auszuschütten, danach in Apathie zu verfallen und das Interesse zu verlieren. Der Mann verliert seine Energie durch den Ausstoß des Samens, die Frau fühlt sich unbefriedigt, und der Sex endet. Dann trennen sich die Partner und eilen in das Bad, um sich zu waschen, ohne die Momente der Zweisamkeit zu genießen, bei der beide still liegen und die Energien aufnehmen, die in und um sie fließen.

Verlängerung der Intimität

Es ist sehr wichtig, dem Partner nach dem Sex nahe zu bleiben. So können Sie die Energien austauschen und die Essenzen (siehe Seite 130) aufnehmen. Liegen Sie still beisammen, solange Penis und Vagina noch verbunden sind.

Genießen Sie Anblick, Geruch und Geschmack des Partners, spielen, sprechen oder lachen Sie, und genießen Sie das Gefühl der Entspannung. Gehen Sie auf den Partner ein, teilen Sie die Intimität und genießen Sie den Augenblick.

Kommunikation

Ich glaube, daß jede sexuell aktive Frau das Gefühl der Enttäuschung und auch des Ärgers kennt, das sich breitmacht, wenn der Mann ejakuliert, bevor ihre sexuelle Energie den Höhepunkt erreicht hat. Ich wurde durch die Frustration launisch und wandte mich von meinem Partner ab. Durch mein Verhalten entstand Distanz zwischen uns, und mein Partner fühlte sich schuldig und enttäuscht. Somit war er nicht bereit, das Feuer neu zu entfachen.

Die meisten Männer kommen der Bitte nach, den Sex über den Geschlechtsakt auszudehnen, um die Partnerin zu befriedigen. Nach der Ejakulation sollte ein Mann seine Partnerin etwa durch Stimulation der Klitoris weiter betreuen. Die Frau sollte dagegen zärtlich zu ihrem Partner sein, auch wenn seine Leidenschaft vor ihrer verraucht ist. Und natürlich kann auch Selbstbefriedigung ein Nachspiel sein.

Kommunikation ist der Schlüssel zu wahrer Befriedigung. Beide Partner sollten ihre Gefühle und Wünsche ausdrücken können, doch sollten Sie nach dem Sex möglichst lange verbunden bleiben, damit die Liebe nicht versiegt.

VII

Heilung durch Sex

Sexuelle Gesundheit

Taoismus und Tantrismus lehren, daß sich Geschlechtsverkehr sehr günstig auf die Gesundheit auswirken kann. Sex hat wie jede Art der körperlichen Betätigung einen unbestreitbaren Einfluß auf Atmung, Durchblutung, Herzschlag und Drüsensekretion. Und beinahe alle Stellungen können heilen, wenn nur die Absicht vorhanden ist.

Beim Sex wird das Yin der Frau mit dem Yang des Mannes harmonisiert. Diese Harmonie heilt und kann uns mit den unendlichen Kräften der Natur in Einklang bringen. Zudem wird durch den Geschlechtsverkehr die heilende Energie in die lebenswichtigen Organe des Körpers geleitet, da die Reflexzonen im Genitalbereich stimuliert werden (siehe Seite 141).

Zwei wesentliche Faktoren bestimmen, ob Heilung möglich sein kann. Der erste ist die Körperstellung und die Wirkung auf die Organe. Die Körperposition beeinflußt auch die Form der Vagina. Das ist von größter Bedeutung, da verschiedene Stellungen die Vagina sanft formen. Sie bestimmen, welche Reflexzonen vom Penis stimuliert werden und welche Bereiche des Penis von der Vagina gereizt werden.

»Ohne Harmonie von Yin und Yang helfen weder Medizin noch Aphrodisiaka.«

DAS EINFACHE MÄDCHEN

Der zweite Faktor, der für Heilung nötig ist, ist die Absicht beider Partner. Einer muß »heilen«, der andere »empfangen«. Heilung ist nur durch Energie möglich. Wenn Sie eine der folgenden Stellungen versuchen, sollten Sie sich beide auf die Atmung konzentrieren und die Energie bewußt in die verschiedenen Organe oder Körperteile lenken, die geheilt werden sollen. Beruhigen Sie den Geist, und lenken Sie die Energie durch den Atem. Atemübungen, Yoga und Meditation lassen uns die Energie, die durch den Körper fließt, bewußter wahrzunehmen.

Wenn der Mann geheilt werden soll, profitiert die Frau ebenfalls von der Stellung, da ihr Partner die Reflexzonen ihrer Genitalien stimuliert und sie sexuelle Befriedigung erfährt. Bei den heilenden Stellungen für die Frau sollte der Mann die Tiefe der Penetration variieren, damit der entsprechende Teil der Vagina massiert wird. Als Heiler sollte er die Freude genießen, seiner Partnerin zu dienen. Diese Haltung entspricht dem Tao der Liebe.

Natürlich dürfen Sie sich nicht nur auf die Wirkung der heilenden Stellungen verlassen. Konsultieren Sie immer einen Arzt, wenn Sie krank oder verletzt sind.

Heilende Techniken

Wenn der Geschlechtsverkehr den Mann heilen soll, ist es nicht genug, einfach eine Stellung zu versuchen. Er muß zudem die Stöße des Penis und die Ejakulation genau lenken und den gesamten Penis gleichmäßig stimulieren, um die Energie in die Organe leiten zu können. Ob eine Frau von einer Stellung profitieren kann, hängt davon ab, ob die Vagina ihre Form so verändert, daß der betreffende Bereich zugänglicher wird, ob der Penis mit der entsprechenden Zone der Vagina in Berührung kommt und wie der Penis stößt. Ejakulation ist zu vermeiden.

Diese Techniken werden bereits seit Jahrtausenden angewendet. Sollen sie wirken, sind jedoch Hingabe, Zeit und vor allem Liebe erforderlich.

Sexuelle Reflexzonenmassage

Energie fließt entlang der Meridiane durch den Körper. Diese Kanäle sind mit den inneren Organen verbunden. Die Reflexzonenmassage (siehe Seite 86) lehrt, daß Punkte auf Händen, Füßen und Ohren den Hauptmeridianen entsprechen und man durch ihre Stimulation Leiden lindern kann.

Auch der Schaft und die Eichel des Penis sowie Bereiche entlang der Scheide können in Zonen eingeteilt werden, die mit verschiedenen Organen verbunden sind. Wenn beim Geschlechtsverkehr die Reflexzonen von Penis und Vagina stimuliert werden, fließt heilende Energie zu den entsprechenden Organen, also etwa von der Herzzone zum Herz oder von der Lungenzone zur Lunge.

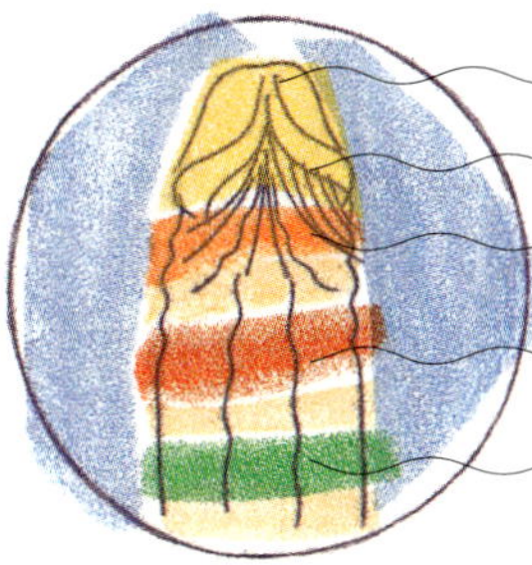

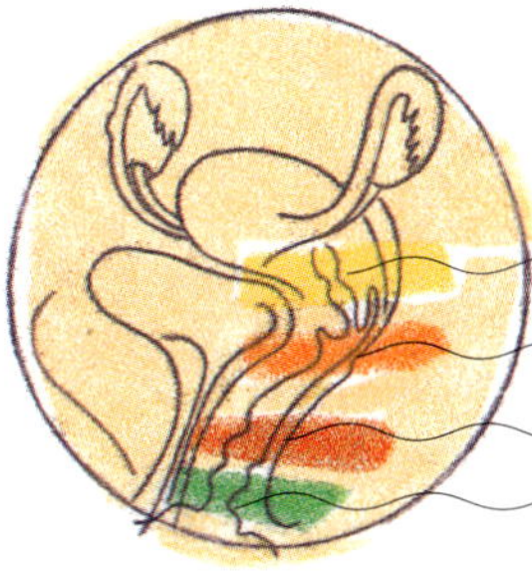

Reflexzonen

Die wichtigsten Reflexzonen der männlichen und weiblichen Genitalien führen zu Herz, Lunge, Milz, Bauchspeicheldrüse, Leber und Nieren. Die meisten Reflexzonen im Genitalbereich können durch Masturbation stimuliert werden, doch zeitigt Geschlechtsverkehr vor allem mit einer der heilenden Stellungen, die auf den nächsten Seiten beschrieben werden, größere Wirkung.

Heilende Stellungen

Die folgenden heilenden Stellungen sind aus dem Buch Das Tao der Sexualität *von Dr. Stephen Chang entlehnt. Allerdings kann beinahe jede Stellung heilende Wirkung haben, wenn die richtige Absicht dahintersteckt. Soll der Geschlechtsverkehr ein bestimmtes Leiden bei einem oder beiden Partnern lindern, so ist es nötig, liebevoll vorzugehen. Allgemeine Heilung kann jede Ihrer Lieblingsstellungen in Kombination mit vier oder fünf Neunmal-zehn-Sequenzen bringen (siehe Seite 120).*

Drache

Diese Stellung hilft bei Erektionsproblemen und vorzeitiger Ejakulation. Die Frau liegt auf der Seite, wobei die Hüften möglichst weit nach oben weisen, der Mann dringt von oben ein. Diese Stellung ist für den Mann schwierig, doch sollten zwei Sequenzen pro Tag in zwei Wochen Besserung bringen.

Phönix

Diese Stellung fördert die körperliche Gesundheit des Mannes und soll zehn Tage lang neunmal am Tag wiederholt werden. Dabei empfehlen sich bis zu neun Neunmal-zehn-Sequenzen. Die Frau kniet sich hin und legt sich vorsichtig zurück, bis Kopf und Rücken möglichst gerade liegen (je beweglicher sie ist, desto weiter kann sie sich zurücklehnen). Diese Position wird bequemer, wenn Sie Kissen unter den Rücken legen. Der Mann dringt von oben ein und stützt sein Gewicht mit den Händen ab.

Einhorn

Diese Variante der Missionarsstellung (siehe Seite 123) führt dem Mann Energie zu und verursacht ein Teilvakuum in der Vagina der Frau, durch das bestimmte Organe stimuliert werden. Die Frau liegt mit gehobenen, offenen Oberschenkeln auf dem Rücken und stützt Kopf und Schultern auf Kissen. Ihr Partner liegt zwischen ihren Beinen und dringt ein. Wenn Sie dreimal am Tag drei Neunmalzehn-Sequenzen machen, wird diese Stellung den Körper des Mannes in 20 Tagen mit großer Energie erfüllen.

SCHWAN

Diese Stellung führt der Frau Energie zu, wenn sie unter Blokkaden leidet, die sich in Kopfschmerzen, schlechter Durchblutung und Menstruationsstörungen wie Krämpfen und ungewöhnlich starker oder schwacher Blutung ausdrücken. Die Frau hält den Penis des Partners, da die Penetration in dieser Position schwierig ist. Dann kreist sie mit dem Becken, solange sie kann.

Flamingo

Wenn die Frau auf der linken Seite liegt und das linke Bein beugt, der Mann zehn Tage lang fünfmal fünf Neunmal-zehn-Sequenzen macht, kann diese Stellung Arthritis und Knochenleiden lindern. Wenn sie rechts liegt und das rechte Bein beugt und er 20 Tage lang Sechsmal-sechs-Sequenzen macht, hilft es den Blutgefäßen.

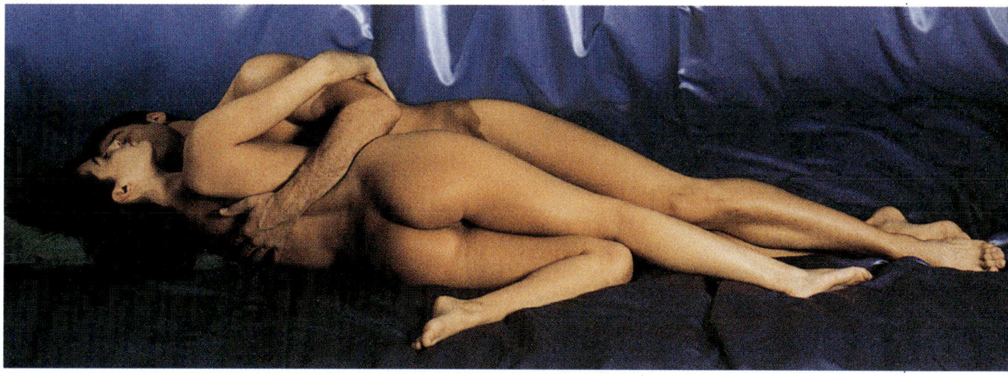

Schwalbe

Diese Stellung lindert Anämie und schlechte Durchblutung. Die Frau liegt auf dem Rücken, zieht die Knie zur Brust und streckt die Füße in die Luft. Der Mann kniet vor ihr und dringt tief in sie ein. Da durch diese Position die Vagina der Frau kürzer wird, kann der Mann tief eindringen. Die Frau sollte das Becken kreisen, während der Mann ruhig bleibt.

Schildkröte

Bei dieser heilenden Stellung liegt die Frau auf dem Rücken und zieht die Knie zur Brust. Der Mann dringt von vorne ein und massiert mit den Beinen seiner Partnerin ihre Brüste, während sie sich bewegt. Durch die Bewegungen wird der Darm der Frau massiert und mit Energie versorgt.

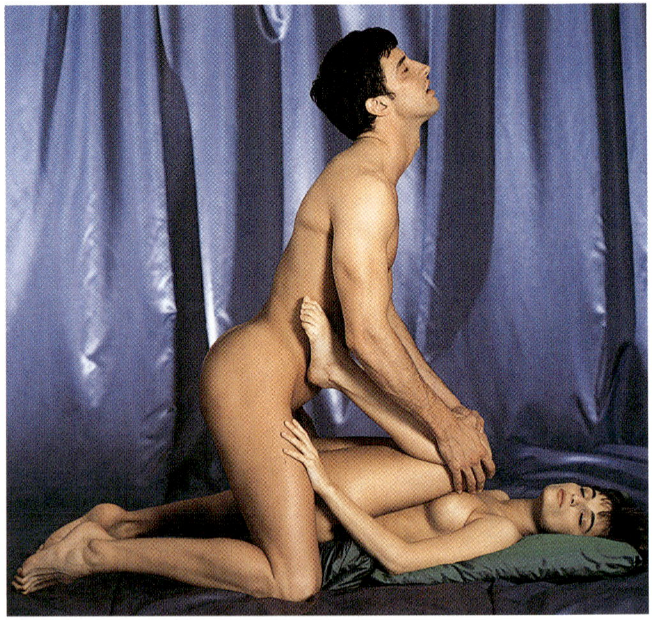

Eisvogel

Diese Stellung ist nicht nur für die Fortpflanzungsorgane der Frau günstig, sie lindert auch Magen- und Milzleiden und vor allem Verdauungsprobleme. Die Frau liegt auf dem Rücken, stützt sich wenn nötig auf Kissen und schlingt die Beine um die Taille des Mannes. Er stützt sich auf Hände und Knie und dringt flach in sie ein. Nun kreist sie das Becken möglichst lange erst im, dann gegen den Uhrzeigersinn.

TAUBE

Die Frau liegt auf dem Rücken und schlingt die Beine um die Oberschenkel ihres Partners. Er kniet und dringt mit Eichel und höchstens 5 cm des Penis ein. Nun kreist die Frau das Becken möglichst lange abwechselnd im und gegen den Uhrzeigersinn. Diese Stellung lindert Probleme mit Bauchspeicheldrüse und Leber, sie stärkt die Gelenke wie etwa die Knie.

Schlange

Bei dieser Stellung bestimmt die Art der Bewegungen von Mann und Frau den Nutzen. Der Mann kann Leiden wie niedrigen Blutdruck oder Blutarmut lindern, indem er sich unter der Frau auf und ab bewegt. Empfehlenswert sind bis zu siebenmal am Tag zehn Tage lang sieben Neunmal-zehn-Sequenzen. Achtmal acht Neunmal-zehn-Sequenzen an 15 Tagen lindern Probleme des Mannes mit dem Lymphsystem. Wenn er still liegt und seine Partnerin sich auf seinem Penis auf und ab bewegt, während sie mit dem Becken kreist, wird ihre Vagina massiert. Davon profitieren Nervensystem, Leber und Augen.

Affe

Diese Stellung hilft vor allem bei Inkontinenz, doch ist sie für die Frau sehr schwierig. Der Mann liegt auf dem Rücken, die Frau kniet mit dem Gesicht zu seinen Füßen über ihm. Sie hält den Penis ihres Partners und läßt nur die Eichel eindringen, während sie das Becken abwechselnd nach links und rechts kreist.

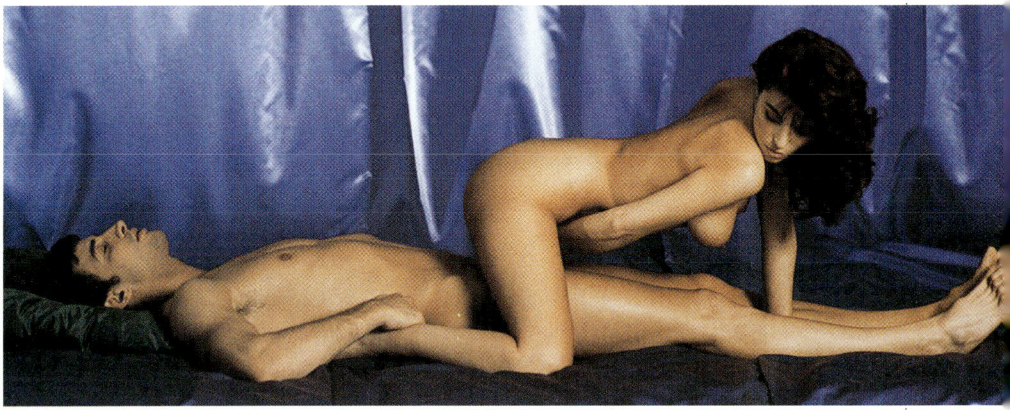

Hase

Diese Stellung hilft Frauen, die an Energiemangel leiden, der sich in Mattigkeit und flacher Atmung ausdrückt. Die Frau liegt auf dem Rücken, der Mann wie bei der Missionarsstellung auf ihr. Er dringt tief ein. Nun kreist die Frau das Becken abwechselnd im und gegen den Uhrzeigersinn. Zwar kann diese Stellung bei der Frau zum Orgasmus führen, was die Heilung fördert, doch nicht dem Zweck der Übung entspricht.

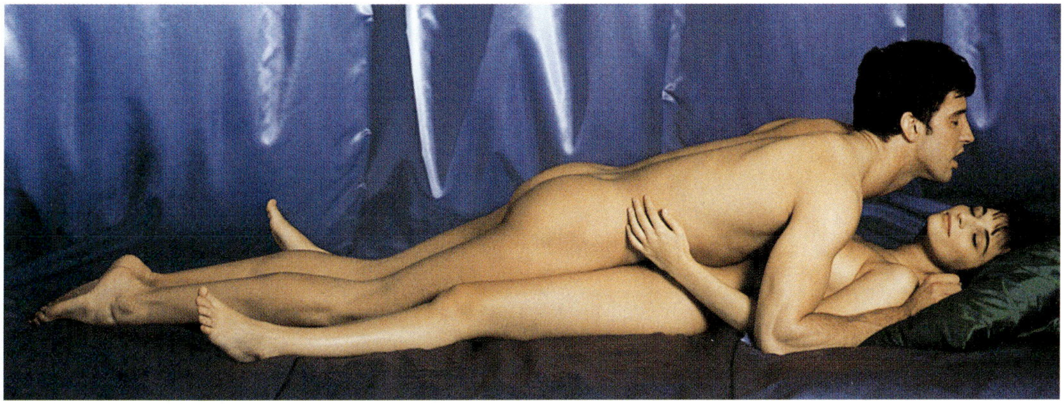

Sanfter Sex

Es wird immer Zeiten geben, in denen Ihnen nicht nach Geschlechtsverkehr zumute ist, Sie aber die Nähe Ihres Partners suchen. Sanfter Sex kann Penetration beinhalten, muß aber nicht. Das Augenmerk liegt hier auf Entspannung, emotionaler Intimität und Harmonie. Sie verfolgen kein Ziel, sondern wollen nur zusammen sein und genießen, daß Liebe nicht immer mit Penetration oder Erektion gleichzusetzen ist.

Manchmal wird unser Verlangen, berührt, liebkost und gehalten zu werden, mit dem Bedürfnis nach Sex verwechselt. Tatsächlich wollen wir aber nur die körperliche Nähe eines Menschen spüren. Der Energieaustausch zwischen zwei Menschen, die einander halten, kann so befriedigend und erfüllend sein wie Geschlechtsverkehr, und es hat seine eigene Magie, nackt neben dem Partner zu liegen. Dieser Zauber resultiert aus vielen Faktoren wie der Form der Körper, dem Gefühl, das der Atem auf der Haut verursacht, dem Geruch des Partners und dem Empfinden der Nähe.

Das Vorspiel wird meist als das »Spiel« betrachtet, das zum Geschlechtsakt führt. Das bedeutet, daß wir oft versuchen, es rasch hinter uns zu bringen, und wir in der Eile, den Höhepunkt zu erreichen, das Wunder der Berührung und Gemeinsamkeit nicht beachten.

Bei langen Beziehungen kann es passieren, daß Erregung und Abenteuer nachlassen. Da die Partner einander zu gut kennen, lassen sie das Vorspiel aus oder genießen es nicht. Für sie ist Sex kein Abenteuer mehr. Er wiederholt sich und wird langweilig, da man die wahre sexuelle Anziehungskraft des Partners nicht mehr sieht (fühlt, riecht und schmeckt). Eine bestimmte Geste oder Berührung ist das Signal für das Verlangen nach Sex, und schon beginnt das bekannte Ritual, das oft für beide unbefriedigend ist.

Sex neu erfinden

Es gibt immer Möglichkeiten, den Sex »neu zu erfinden«. Man kann etwa ein spielerisches Element einführen: Als Erwachsene vergessen wir oft, wie wichtig das Spiel ist. Doch kann Sex sehr befriedigend sein, wenn er in ruhiger, entspannter und zärtlicher Atmosphäre stattfindet.

Nicht jeder möchte Sex immer als Sport verstehen, doch kann es bereits ein hoher Genuß sein, einfach still in der Löffelstellung (siehe Seite 122) beieinander zu liegen. Penetration ist hier nicht wichtig. Liegen Sie einfach ruhig da, umarmen Sie den Partner, atmen Sie einige Minuten lang gemeinsam, und wechseln Sie dann die Seiten.

Love puja ist eine Art Sex ohne Penetration, bei der Sie den Partner ohne Geschlechtsakt lieben können. Setzen Sie sich Ihrem Partner gegenüber, legen Sie die linke Hand auf sein Herz, und legen Sie Ihre rechte Hand über seine linke Hand. Blikken Sie einander in das linke Auge, und atmen Sie gemeinsam. Wenn Sie einatmen, empfangen Sie die Energie des Partners, beim Ausatmen geben Sie ihm Energie.

Mit dieser Übung können Sie die Energie ausgleichen und harmonisieren. Da sie so einfach ist, können Sie sich tief und ehrlich mit Ihrem Partner und sich selbst verbinden.

Sanfte Penetration

Manchmal schafft der Mann keine Erektion, wenn das Paar Geschlechtsverkehr möchte. Das braucht Sie aber nicht am Sex zu hindern, da Penetration auch ohne Erektion möglich ist. Dafür sind etwas Übung und Geschick nötig, doch mit Hilfe seiner Finger (und bei Bedarf einer Gleitcreme) kann der Mann zumindest einen Teil des Gliedes in die Vagina einführen.

Wenn Sie aus Zeigefinger und Daumen einen Ring machen und den Penis am Schaft umschließen, staut sich durch den Druck das Blut im Penis, so daß er steifer wird und Sie sanft stoßen können. Es kann sogar vorkommen, daß Sie auf diese Weise eine richtige Erektion schaffen. Die Penetration ist einfacher, wenn Sie in der Löffelstellung liegen oder der Mann auf seiner Partnerin liegt.

Sanfte Penetration kann praktiziert werden, wenn der Mann nochmals eindringen möchte oder er durch Zurückhaltung des Samens (siehe Seite 46) keine oder keine ganze Erektion schafft. Zudem ermöglicht sie beiden Partnern, die Genitalmuskeln zu trainieren. Sie können nach der Penetration auch eine bequeme Stellung einnehmen, still liegen und visualisieren, wie die Energie zwischen Ihnen fließt. Sie werden ganz natürlich denselben Atemrhythmus einnehmen wie Ihr Partner.

Für die meisten Frauen ist es sehr erotisch, wenn sie fühlen, wie ihr Partner in ihnen hart wird. Es macht aber auch nichts, wenn es zu keiner Erektion kommt, da die Frau das Erlebnis auch so genießen und körperliche, geistige und seelische Energie mit ihrem Partner ausgleichen kann.

Sexuelle Enthaltsamkeit

Wenn sich ein Paar entschließt, eine Zeit lang sexuell enthaltsam zu leben, so steigen nicht nur die sexuellen Gefühle und erotischen Empfindungen für den Partner. Zudem wird die sexuelle Energie gesammelt und gelenkt, das Empfinden steigt und der Körper wird stärker. Yoga (siehe Seite 48), gesunde Ernährung und Atemübungen sind in Zeiten der Enthaltsamkeit hilfreich, da die Lebensenergie weiterhin im Körper zirkuliert.

Sexuelle Enthaltsamkeit kann Ihr Empfinden und das Verlangen steigern. Wir wollen schließlich immer das, was wir nicht haben können!

Safer Sex

Sex gehört zu den großen Freuden des Lebens und ist unerläßlich für das Fortbestehen der Menschheit. Er sollte weiterhin ein Quell der Freude und Ekstase bleiben, indem wir kein unnötiges Risiko eingehen. Eine dünne Gummihaut mindert nicht das Vergnügen und die Freude am Sex.

Safer Sex soll das Risiko von Geschlechtskrankheiten mindern, die von einem Partner auf den anderen übertragen werden. Dies ist besonders am Beginn einer Beziehung wichtig, wenn Sie noch nicht alles über die sexuelle Vergangenheit des Partners wissen und daher nicht sicher sein können, daß keine Ansteckungsgefahr besteht.

Safer Sex umfaßt die Verwendung eines Kondoms, um den Austausch der Körpersekrete (Samen, Blut und Ausscheidungen aus der Scheide) beim Akt zu verhindern, sowie verschiedene Praktiken, bei denen es nicht zur Penetration kommt. Dazu zählen etwa erotische Umarmungen, Streicheln, Massage und gegenseitige Selbstbefriedigung, bei der Sie nicht in direkten Kontakt mit den Körpersekreten des Partners kommen.

Sie sollten Kontakt mit den Ausscheidungen vermeiden, da diese die Viren enthalten, die für Infektionen wie Syphilis und Hepatitis B sowie die Übertragung des HI-Virus, der Aids verursacht, verantwortlich sind.

Wir wissen, daß Geschlechtskrankheiten jeden treffen können, der Sex hat, und daß sie Körper, Geist und Seele beeinträchtigen oder sogar das Leben gefährden können. Verlassen Sie sich nur auf sich selbst, um sich gegen diese Krankheiten zu schützen. Achten Sie auf Ihre Gesundheit, und stellen Sie sich Ihre eigenen Grundsätze auf. Vergessen Sie aber auch nicht, daß eine positive Einstellung alleine zuwenig ist, um sich gegen Krankheiten zu schützen. Riskieren Sie nicht Gesundheit und Leben – das ist nicht im Sinne des Tantra und Tao.

Das bedeutet aber auch nicht, daß Sie enthaltsam leben müssen. Hinterfragen Sie einfach Ihre Einstellung zur Sexualität, benutzen Sie Ihre Intelligenz und ehren Sie den Tempel des Körpers. Wenn Sie sich und Ihren Partner respektieren, sollte sich die Frage nach einem Kondom überhaupt nicht stellen.

Neue Beziehungen

Sehr oft ist das erste Mal mit einem neuen Partner jedoch von Spannung und Verlegenheit begleitet. Doch jeder, der Probleme hat, das Thema Safer Sex mit einem zukünftigen Partner zu besprechen, kennt ihn nicht gut genug, um überhaupt an Geschlechtsverkehr zu denken. Es mag zwar schwierig sein, doch häufig ist es vernünftiger zu warten, bis Sie einander besser kennen, bevor Sie Sex (und vor allem ungeschützten Sex) haben. Die Reise ist nur das halbe Vergnügen, wenn Sie Ihrem Ziel entgegenrasen.

Das Vergnügen besteht in diesem Fall darin, den Partner durch ehrliche Gespräche und Berührung besser kennenzulernen, die Intimität aufzubauen und darauf zu vertrauen, daß Sie Körper und Geist auf den Sex vorbereiten. Zudem können Sie mit anderen Liebespraktiken experimentieren und entdecken, daß sexuelles Vergnügen den ganzen Körper, nicht nur die Genitalien befriedigen kann.

Ein ausgedehntes Vorspiel kann so erregend und befriedigend wie der Akt selbst sein. Auf diese vergnügliche, erotische Weise lernen Sie den Partner kennen und können feststellen, ob Sie zusammenpassen. Vermeiden Sie aber beim ersten Mal auch oralen Sex. Sie können stattdessen eine Gleitcreme verwenden und den Partner mit phantasievollen Hand- und Fingerbewegungen stimulieren.

Lange Beziehungen

In monogamen Partnerschaften verbessern Liebesspiele (als ausgedehntes Vorspiel oder Alternative zum Geschlechtsverkehr) die Beziehung und die Sexualität. Zudem vertiefen Sie das Gefühl von Vertrauen, Liebe und Intimität. So wird es einfacher, ehrlich und offen mit dem Partner zu sprechen, die tiefsten Gefühle zu teilen und einander tatsächlich zu verstehen. In Verbindung mit Einfühlsamkeit und Offenheit wird das wieder die Partnerschaft stärken und das Potential für die Ekstase der göttlichen Verbindung erhöhen. Sex wird für Sie neue Dimensionen erreichen.

Tantrismus und Taoismus betonen, wie wichtig eine harmonische und ausgeglichene Verbindung zwischen Mann und Frau, dieser göttliche Union der beiden gegensätzlichen Kräfte, ist. Natürlich sind dies keine Sexuallehren, doch binden sie Sex in das tägliche Leben ein, um Glück, Gesundheit und Befreiung zu erreichen.

Berührung und Intimität
Berührung und Intimität helfen, den Partner besser kennenzulernen.

Glossar

A

Agamas alte praktische und theoretische Texte über *Yoga* und *Tantra*

Ajna das Stirn*chakra*

Anahata das Herz*chakra*

Ananda höchste, spirituelle Verzückung

Apana eine Form des *Prana*

Asanas die Positionen bei *Yoga*

Astralleib Der Leib, der den physischen Körper umgibt und durchdringt. Soll diese Welt mit der nächsten verbinden.

Atman das innere Ich, die Seele

Aum siehe *Om*

B

Bandha eine *Yoga*-Stellung, bei der die Muskeln angespannt werden

Bhakti selbstverleugnende Hingabe

Bindu Der Punkt im Zentrum eines *Yantra*, der für den männlichen Samen und das höchste Bewußtsein steht.

Brahma der Schöpfer; einer der drei Aspekte des Höchsten Wesens (neben *Wischnu* und *Schiwa*).

C

Chakren Die Energiezentren des *Astralleibs*, die mit dem physischen Körper in Verbindung stehen.

D

Dakini Im tantrischen Buddhismus eine Frau mit spirituellen Fähigkeiten, die ihr göttliches Wissen durch Geschlechtsverkehr weitergibt.

Dewi die Muttergöttin; eine der Formen von *Schakti*

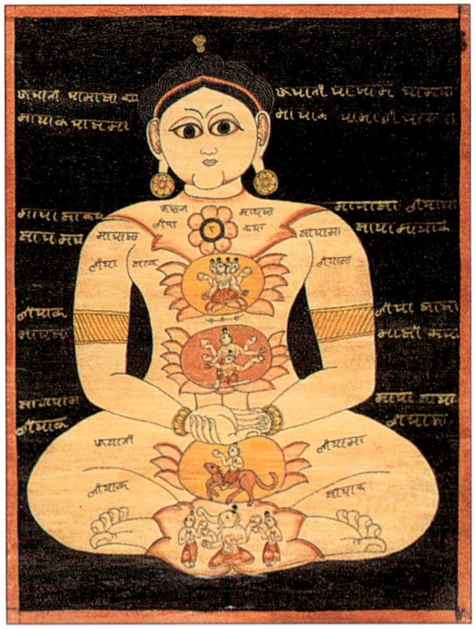

In diesem nepalesischen Bild sind die unteren Chakren als Blumen dargestellt.

G

Gunas die drei wichtigsten Energien *Sattva, Rajas,* und *Tamas*

H

Hatha Yoga eine Form von *Yoga* mit körperlichen Positionen

Hatha Yoga Pradipika ein Text aus dem Mittelalter, in dem Philosophie und Übung von Hatha Yoga beschrieben werden. Von Yogi Swami Svatmarama verfaßt.

I

I Jing »Buch der Veränderungen«. Ein altchinesisches Buch mit Regeln zum Vorhersagen zukünftiger Ereignisse.

Ida einer der drei wichtigsten *Nadi* oder Energiekanäle des Astralleibs.

J

Jalandhara Bandha ein *Bandha*, das eingesetzt wird, damit das *Prana* nicht aus dem Oberkörper entweichen kann.

Jing taoistischer Begriff für sexuelle Energie

K

Kalachakra das Rad der Zeit; eine Übung aus dem tantrischen Buddhismus mit Meditation und *Mandalas*

Kali eine der Hauptformen von *Dewi*, der Muttergöttin

Kama der hinduistische Gott der Liebe; die Personifizierung der Liebe

Kosmischer Körper der Kosmos als menschlicher Körper dargestellt

Kundalini die mächtige weibliche Energie, die für gewöhnlich schlummert. Wird meist als Schlange dargestellt, die am Wurzelchakra ruht.

L

Lingam der Penis oder ein Symbol für *Schiwa*

M

Mahakala große Zeit; eine der Formen von *Schiwa*

Maharaga die höchste Leidenschaft

Mahavidyas zehn Formen von *Dewi,* der Muttergöttin, die verschiedene Dimensionen des Wissens repräsentieren.

Maheshwara der Große Herr oder Schöpfer; eine Form von *Schiwa*

Mandala mystisches Kreisdiagramm, das bei der Meditation kosmische und psychische Energie erzeugen soll.

Mantra eine Silbe oder Phrase, die laut oder leise als Meditationshilfe wiederholt wird.

Maya Illusion oder Täuschung, eine der Formen von *Schakti*

Meditation der Geist wird beruhigt und auf ein Bild oder Symbol wie ein *Yantra* gelenkt, um innere Ruhe zu finden, die Nahrung für die Seele ist.

Moksha Befreiung von Enttäuschung oder Leiden

Mudra eine Geste, mit der die subtile Energie bei der *Meditation* gelenkt wird.

Mula bandha ein *Bandha*, das *Apana* im Unterleib halten und das Wurzelchakra stimulieren soll.

Muladhara das Wurzelchakra

N

Nada die männliche und weibliche Energie (*Schiwa* und *Schakti*) als Ton

Nadi Kanäle im *Astralleib*, durch die die *subtile Energie* fließt.

O

Om das stärkste Mantra. Es soll aus dem Urklang entstanden sein.

P

Padma die Lotosblume

Parvati der Bergsteiger, eine Form von *Schakti*

Pingala einer der drei Hauptnadi oder Energiekanäle des *Astralleibs*

Prakriti die materielle Welt; eine Manifestation von *Maya*

Prana eine Form der subtilen Energie, die im *Astralleib* fließt.

Pranayama Die *Yoga*-Lehre, die sich mit Atemtechnik und Atemübungen befaßt.

Puja Ritual und Verehrung

Puranas Sanskrit-Schriften, in denen Taten und Kräfte der Götter besungen werden.

Q, R

Qi taoistischer Begriff für *subtile Energie*

Raga Leidenschaft

Rajas eines der drei *Gunas*; die aktive, bewegte Energie

S

Sahasrara das Kronenchakra

Samana eine Form des *Prana*

Sanskrit die Sprache, in denen die hinduistischen Schriften und andere Texte abgefaßt sind. Zählt wie Hindi und Deutsch zum indogermanischen Sprachkreis.

Sattva eines der drei *Gunas*; die Energie der Klarheit und Wahrheit

Schakti die höchste Göttin; Begleiterin von Schiwa; das weibliche Prinzip

Schiwa der Zerstörer; einer der drei Aspekte des Höchsten Wesens (neben *Brahma* und *Wischnu*); Begleiter von Schakti; das männliche Prinzip

Subtile Energie Energie, die durch die *Nadi* in den *Astralleib* fließt

Sushumna der wichtigste der drei Hauptnadi oder Energiekanäle des Astralleibs

Sutra ein spiritueller Text, eine spirituelle Abhandlung oder ein Aphorismus

T

Tamas eines der drei *Gunas*; die feste, unbewegliche Energie

Tanka ein tibetisches Ikonenbild

Tantra eine Philosophie und Lebensart, bei der sexuelle Energie eingesetzt wird, um sich aus den Grenzen des Seins zu befreien.

Taoismus ein altes Lebenssystem und eine Sammlung von Weisheiten aus China. Der Taoismus lehrt, wie man das kreative Prinzip erfährt, das das Universum ordnet. Er wurde in Texten wie dem »Tao de Jing« von Laotse und den Schriften von Chuangtse dargelegt .

Trataka Betrachtung einer Kerze zur Stärkung der Konzentration und der Augen

U

Udana eine der Formen von *Prana*

Uddiyana bandha ein *Bandha*, das die Lunge stützt und verschiedene Elemente im Körper ausgleicht.

V, W

Vier heilige Wahrheiten die Lehre Buddhas aus seiner ersten Predigt

Vyana eine der Formen von *Prana*

Wischnu der Erhalter; einer der drei Aspekte des Höchsten Wesens (neben *Brahma* und *Schiwa*)

Y

Yantra ein mystisches Diagramm (oft die bildliche Darstellung eines *Mantra*), das bei der *Meditation* eingesetzt wird.

Yin und Yang im Taoismus ist das kosmische Weibliche Yin, das kosmische Männliche Yang. Aus dem ständigen Spiel zwischen den beiden Gegensätzen entsteht das Universum.

Yoga Übungen, die das körperliche und geistige Wohlbefinden fördern und die Vereinigung des Ichs mit dem reinen Bewußtsein erleichtern können.

Yoni die Vulva oder ein Symbol für die Göttin *Schakti*

Z

Zen eine japanische Form des Buddhismus, bei der Erleuchtung durch Intuition infolge der *Meditation* gesucht wird.

REGISTER

Die gedrehte Stellung (siehe Seite 133)

A

B

C

D

E

Liebesakt im Indien des 17. Jahrhunderts

T

U V W

Y

Z

Literaturhinweise

Bataille, G.: *Der heilige Eros.* Ullstein Materialien, Frankfurt a. M./Berlin/Wien 1982

Bell, R.: *Yoga für jeden Tag. Über 50 einfache Übungen für Entspannung, Energie und Wohlbefinden.* Mosaik, München 1998

Bishop, C.: *Sex und Spiritualität. Das ungeteilte Selbst, Ekstase und Transzendenz, Ritual und Tabu.* Time-Life Bücher, Amsterdam 1998

Cassar, M.-P.: *Massage. Zur Lockerung und Entspannung. Schnelle, einfache Griffe mit großer Wirkung.* Mosaik, München 1998

Chang, Dr. St. T.: *Das Tao der Sexualität.* Ariston Verlag, Genf/München 1992

Chang, Dr. St. T.: *Das Handbuch ganzheitlicher Selbstheilung – Handgriffe des medizinischen Tao-Systems.* Ariston Verlag, Genf/München 1991

Muir, Ch. und C.: *Tantra – Die Kunst bewußten Liebens.* Ariston Verlag, Genf/München 1990

Foucault, M.: *Sexualität und Wahrheit.* Bd. 1: *Der Wille zum Wissen.* Suhrkamp Verlag, Frankfurt a. M. 1983

Foucault, M.: *Sexualität und Wahrheit.* Bd. 2: *Der Gebrauch der Lüste.* Suhrkamp Verlag, Frankfurt a. M. 1986

Heilmann, W. (Hg.): *Das Kamasutra.* Das Meisterwerk der erotischen Weltliteratur. Wilhelm Heyne Verlag, München 1990

Kent, H.: *Yoga leicht gemacht – Übungen für geschwächte, kranke und ältere Menschen.* Ariston Verlag, Genf/München 1988

Kunz, K. und B.: *Das große Buch der Reflexzonenmassage – Selbstheilung an Hand und Fuß.* Ariston Verlag, Genf/München 1987.

Nitschke, G.: *The Silent Orgasm. Liebe als Sprungbrett zur Selbsterkenntnis.* Benedikt Taschen Verlag, Köln 1995

Reich, W.: *Die Funktion des Orgasmus. Die Entdeckung des Orgons.* Kiepenheuer & Witsch, 1987

Senger, G./Huber, J.: *Hormone – was sie sind und was sie bewirken.* Ariston Verlag, Genf/München 1989

Smith, K.: *Die Wohlfühlmassage. Das neue Programm für Entspannung, Energie und Beweglichkeit. Die besten Techniken von Kopf bis Fuß.* Mosaik, München 1998

Danksagung

Illustrationen:

Jane Craddock-Watson: 3, 6, 7, 8, 14, 19, 20, 22, 23, 35, 119, 121, 141 (oben)

Lesli Sternberg: 17, 18, 28, 30, 31, 32, 36, 38, 39, 40, 41, 43, 86, 99, 141 (unten)

Paul Williams: 11, 25, 47, 81, 91, 117, 139

Bildnachweis:

Charles Walker Collection/Images (Colour Library): 24, 154; Fitzwilliam Museum, University of Cambridge/Bridgeman Art Library, London: 33, 158; Photo Scala, Florenz: 129; Private Collection/Bridgeman Art Library: 109; Victor Lownes Collection/Bridgeman Art Library, London: 156; Werner Forman Archive: 113.

Produktionsbetreuung:

Lorraine Baird

Texterfassung:

Maddalena Bastianelli

Bildrecherche:

Sandra Schneider